Alte Bauernregeln

Von Mondeinfluß und Pflanzzeiten
Sprichwörter und Redensarten

rosenheimer

Teil I

Helene & Otto Kostenzer

Alte Bauernweisheit

Von
Wetterregeln und Lostagen
Mondeinflüssen und Pflanzzeiten
Heil- und Gewürzkräutern
Sauerkraut und Speck

Inhalt

Auf unseren Wanderungen suchen wir gern das Gespräch mit der bäuerlichen Bevölkerung, weil wir von Bauern abstammen und das bäuerliche Leben uns daher sehr interessiert. Wir erfuhren im Lauf der Jahre so viel an bäuerlicher Weisheit, daß wir beschlossen, die verschiedenen Hinweise und Ratschläge aufzuschreiben. Wir halten das gerade deshalb für notwendig, weil Industrialisierung und Technisierung auch den bäuerlichen Lebenskreis umgestalten und damit völlig neue Umweltbedingungen geschaffen werden, in denen kein Platz mehr ist für althergebrachte Weisheiten. Wir wollen sie vor dem Vergessenwerden bewahren, denn in dem überlieferten Schatz an Erfahrungen steckt mehr als nur ein Körnchen Wahrheit, das auch uns Heutigen von Nutzen sein kann.

Niemand ist in seiner Arbeit so vom Wetter abhängig wie der Bauer. Es ist daher verständlich, daß er seit Jahrhunderten den Ablauf des Wetters genau beobachtet und sich daraus seine Vorhersagen gebildet hat. Um es sich leichter merken zu können, hat er die Wettersprüche meist in Reimen abgefaßt. Interessant ist, daß die jetzige wissenschaftliche Meteorologie bestätigt, daß diesen bäuerlichen Wetterregeln eine gewisse Berechtigung nicht abzusprechen ist.
Auffallend ist, daß in diesen Regeln fast nie die Daten genannt werden, sondern die Heiligen, die gerade Namenstag haben. So heißt es beispielsweise nicht »Ist am 11. November noch Laub an Bäumen und Reben, so wird es einen strengen Winter geben«, sondern »Ist zu Martini noch Laub an Bäumen und Reben, so wird es einen strengen Winter geben«.
Die Namen der Heiligen, früher Tag für Tag und Jahr für Jahr von der Kanzel verkündet, haben sich in das Gedächtnis eingeprägt, und dazu dienten auch die sogenannten »Mandl-Kalender«, die keine Daten aufwiesen, sondern dem

Volk bekannte Symbole oder Köpfe bestimmter Heiliger. Außerdem gab es auch »Merkkalender«, die in Versen die wichtigsten Heiligen eines Monats zusammenfaßten, wobei aus der Wortzahl das Datum des betreffenden Heiligen zu entnehmen war. In nachfolgendem Beispiel, einem Reimkalender des letzten Minnesängers, Oswald von Wolkenstein (1367–1445), steht Allerheiligen (1. November) an erster Stelle, Leonhard an 6., Martin an 11., usw.

(November)		(November)
Heilig	1.	Heilige (Allerheiligen)
all	2.	all (Allerseelen)
verchundt.	3.	verkündet.
Aus	4.	Aus
Vanchnus	5.	Gefängnis
Lienhart	6.	Lienhart
lös	7.	lös
all	8.	alle
Pundt.	9.	Gebundenen.
Trinckh	10.	Trink
Martein	11.	Martin-
Wein	12.	Wein
und	13.	und
Gens	14.	Gänse
iß,	15.	iß,
Ott.	16.	Othmar.
Leicht	17.	Vielleicht
kumpt	18.	kommt
Elspeta	19.	Elisabeth
ezu	20.	dazu-
gedrott.	21.	geeilt.

Außer den Heiligen schenkte man auch dem zu- oder abnehmenden Mond große Aufmerksamkeit. Wir sind heute allzu

leicht geneigt, darüber zu lächeln, aber ich möchte ein Beispiel anführen, das vielleicht zum Nachdenken anregt:
Die Frau eines mir bekannten Universitätsprofessors war während des letzten Krieges auf einem Bauernhof untergebracht. Als sie einmal waschen wollte und die Wäsche einweichte, riet die Bäuerin ihr von dem Vorhaben an diesem Tag ab, der Mond nehme gerade zu, und dann löse sich der Schmutz nicht leicht. Die Professorenfrau ließ sich nicht beirren und weichte die Wäsche ein mit dem Erfolg, daß das Wasser klar blieb und die Wäsche nur mit Mühe sauber zu bekommen war. Das nächste Mal versuchte sie es, nun doch neugierig geworden, bei abnehmendem Mond, und siehe da, diesmal löste sich der Schmutz schon nach wenigen Minuten und das Wasser wurde trübe. Die Bedingungen waren bei beiden Versuchen die gleichen, beide Male wurde Holzaschenlauge als Waschmittel verwendet.
Im Institut für Biologisch-dynamische Wirtschaftsweise in Darmstadt hat man mehrjährige Versuche unternommen, um den Mondeinfluß auf das Wachstum der Pflanzen zu studieren. In ihrem Forschungsbericht kommen Maria Thun und Hans Heinze (s. Literatur-Verzeichnis) zu folgender Erkenntnis: »Die Ergebnisse, die auch quantitativ ausgewertet wurden, ergaben statistisch hoch evidente Unterschiede der Erträgnisse verschiedener Kulturpflanzen bei Aussaat und Pflege bei unterschiedlichen Mondstellungen.«
Ein weiteres Augenmerk hatte man auch auf die Tierkreiszeichen. Unter dem Tierkreis wird in der Astronomie die Zone der Erdbahn verstanden, durch die sich Sonne, Mond und die großen Planeten bewegen mit ihren zwölf, je 30 Grad umfassenden Sternbildern Widder, Stier, Zwilling, Krebs, Löwe, Jungfrau, Waage, Skorpion, Schütze, Steinbock, Wassermann und Fische. Zu Frühjahrsbeginn tritt die Sonne in das Zeichen des Widders, zu Sommerbeginn in das des Krebses, zu Herbstbeginn in das der Waage und zu

Winterbeginn in das des Steinbocks. Die Sonne geht also einmal durch den Tierkreis, der Mond hingegen dreizehn Mal, daher ist alle zwei bis zweieinhalb Tage der Mond in einem anderen Tierkreiszeichen. In jedem Bauernkalender kann man für das betreffende Jahr die Mond- und Tierkreisstellungen nachsehen.

Alte Bauernweisheit darf nicht in Vergessenheit geraten. Wir können aus dem Erfahrungsgut vieler Jahrhunderte auch für uns Nutzen ziehen, selbst wenn wir keinen Acker mehr zu bestellen haben, sondern nur einen kleinen Garten. Darum wird in diesem Buch über die Aussaat- und Pflanzzeiten verschiedener Gemüsesorten berichtet, die wir mit den Tabellen von Ing. Josef Willi von der Landwirtschaftskammer für Tirol abgestimmt haben, über Gewürzkräuter, die nicht nur den Geschmack der Speisen verbessern sondern auch verdauungsanregend wirken, und über Heilkräuter, die wir selber ziehen oder sammeln können, wobei betont sei, daß diese nicht den Arzt ersetzen, sondern die Heilung unterstützen sollen.
Wie man alles anbaut, erntet und aufbewahrt, wie man daraus aber auch alte bäuerliche Speisen bereitet, an die man heute oft gar nicht mehr denkt, das wollen wir in diesem Buch zeigen und somit alter Weisheit neues Leben geben.

Helene und Otto Kostenzer

Das bäuerliche Arbeitsjahr

Zu Beginn soll das bäuerliche Arbeitsjahr geschildert werden, wie es in einer Aufzeichnung aus der Zeit um 1900 dargestellt ist.

Jänner * Januar * Hartung

In diesem Monat beschäftigen sich die Mannsbilder mit Ausnahme derjenigen, welche das Vieh pflegen, fast durchgehends mit dem Herbeischaffen des Holzes aus dem Hochwald, wo man nur mit dem Schlitten ohne Zugvieh, nie aber mit dem Wagen zukommt. Die weiblichen Arbeitskräfte bessern und flicken die Wäsche aus, stricken Strümpfe und Socken und spinnen Flachs, Werg und Wolle.

Februar * Hornung

Im Februar wird der Türken (Mais) abgerübelt (abgestreift vom Kolben). Das herbeigeschaffte Stamm- und Astholz wird aufgehackt, wobei oft auch Frauen in Holzschuhen helfen müssen. Auf solchen Wiesen, wo man mit dem Wagen nicht zukommt, wird um diese Zeit der Dünger hingebracht, aber noch nicht ausgebreitet. Übrigens verrichten die weiblichen Arbeitskräfte die ähnliche Arbeit wie im Jänner.

März * Lenzmond

In diesem Monat wird von den Männern das Zaunholz hergerichtet, Dachschindeln werden gemacht, und wenn Reparaturen im Haus, Stadel oder Stall sind, so wird das Baumaterial wie Sand, Steine und Holz vorbereitet. Ist der Schnee schon weg, dann werden in den Wiesen die Wasserabzüge ausgeputzt, und an abhängigen Äckern führt man die Erde hinauf. Die Frauen arbeiten in diesem Monat noch größtenteils in der Stube.

April * Keimmond

In diesem Monat wird zu Beginn der Dünger ausgeführt und auf Wiesen und Äckern ausgebreitet. Dann wird zuerst der Hafer, dann die Gerste, dann Kartoffeln und zuletzt der Türken angebaut. Ist ein Regentag, so wird auf den Wiesen mit einer Egge, woran sich Reisig befindet, der Dünger in den Boden eingerieben und zerkleinert. Bei trockenem Wetter werden dann die Überbleibsel mit dem Rechen weggeräumt. Bei all diesen Arbeiten müssen die Frauen mithelfen.

Mai * Wonnemond

Ist man mit dem Türkenanbau fertig, so werden die Fisolen in den Boden gegeben, Runkel und Krautpflanzen gesetzt und von den Frauen die Äcker von Unkraut gesäubert. Die Männer reparieren die Zäune, und es werden auch gemeinsam die Feld- und Bergwege ausgebessert. In der zweiten Hälfte kommt schon das Kartoffel- und Türken-Saubern (d. i. Ausharken des Unkrautes), was oft längere Zeit in Anspruch nimmt.

Juni * Brachmond

Gewöhnlich muß in der ersten Hälfte des Monats der Türken zum zweiten Mal gesäubert werden. Ist aber gutes Wetter, so kann man denselben auch schon häufeln (um die Maisstaude wird Erde angehäufelt). In der zweiten Hälfte, besonders um Peter und Paul (29. Juni), beginnt die Heuernte, die selbstverständlich alle Arbeitskräfte in Anspruch nimmt. Der Auftrieb des Viehs auf die Almen erfolgt auch in diesem Monat. (St. Veitstag, 15. Juni)

Juli * Heumond

In die erste Hälfte dieses Monats fällt noch die Heuernte von den höher gelegenen Wiesen. In der zweiten Monatshälfte wird der Roggen geschnitten. Bei dieser Arbeit werden besonders die Frauen eingesetzt. Die Männer gehen unterdessen in den Wald, um Holz zu fällen. Auch der Flachs wird ausgezogen und getrocknet und dann gedroschen.

August * Erntemond

Anfangs dieses Monats wird Weizen, Gerste und Hafer geschnitten. Auch werden die Stoppelhalme gemäht und in Schober zusammengebracht, und dann folgt die »Brache«, und zwar soviel als möglich bei abnehmendem Mond, weil man, wie es scheint, mit Recht behauptet, daß die in dieser Zeit obenauf gebrachten Unkrautwurzeln leichter verderben und die eingefurchten Halme schneller vermodern. Ist auch anderer Aberglaube stark verschwunden, so spielt der Mond doch noch eine starke Rolle. In der zweiten Hälfte des Monats kommt das Ausarbeiten des Getreides, teils mit der Hand, teils aber mit Maschinen. Das sogenannte Dreschen ist bereits aus der Mode gekommen.

September * Herbstmond

Im Monat September wird das Grummet geerntet. Auch der Winterroggen wird angebaut. Das Vieh wird von den Almen zurückgeholt und dann auf die Wiesen zur Atze gebracht. Der Flachs wird zur Röste auf Wiesen oder Stoppelfelder ausgebreitet. Einige benützen auch schon die Wasserröste. Ist ein gesegnetes Jahr, so ist mit Beginn des Herbstes die schönste Zeit für den Landwirt. Um diese Zeit sind die meisten Früchte schon eingeführt, und die noch stehen, kann man schon übersehen. Sind nun die Scheunen mit Futtervorräten, die Kisten mit Getreide gefüllt und kommt das Vieh gesund und wohlgenährt von den Almen, so sieht sich der Bauer wieder für ein Jahr geborgen. Man sieht ihn dann an Sonntagen mit freudigem Gesicht früher in der Kirche, und nachmittags fehlt er dann gewiß auch nicht im Wirtshaus, wo er gerne von seinen Erzeugnissen spricht.

Oktober * Weinmond

Im Oktober kommt die Türkenernte und das Graben der Kartoffeln, was nun meistens mit einem geeigneten Pflug geschieht. Überhaupt bringt der Landmann in diesem Monat seinen Überschuß an Getreide, Kartoffeln, Holz, Heu, Stroh an den Mann, und täglich gehen Wägen und Karren mit obgenannten Artikeln der Stadt zu, was auch viele Zeit in Anspruch nimmt. Auch der Winterweizen wird im Oktober gesät.

November * Nebelmond

Ist noch Dünger vorhanden, so wird er auf Wiesen gebracht und ausgebreitet. Die letzte Ernte auf dem Feld sind die Krautköpfe und die Rüben. Der Flachs wird gebrochen und dann von Weibspersonen geschwungen und gehechelt. Ist alle Arbeit auf dem Feld geschehen, so ziehen alle Männer dem näher gelegenen Wald zu, um Holz zu fällen, Streu zu richten und Baumstöcke auszugraben. Für die weiblichen Arbeitskräfte fällt nun die Stubenarbeit an.

Dezember * Wintermond

Die im Wald bereiteten Fichten- und Tannenäste und Bodenstreu werden nach Witterung mit dem Wagen oder schon mit dem Schlitten nach Hause gebracht, ebenso die ausgegrabenen Baumstrünke. Diese werden dann mit Pulver gesprengt und zur Heizung der Öfen für den Eigenbedarf aufgehackt. Bei schlechtem Wetter ist im Haus Arbeit genug. Es ist ja im Sommer vieles gebrochen, und man hatte zur Ausbesserung keine Zeit. Vieles wird geordnet und nachgesehen. Unbegründet ist die Klage, ich habe heute keine Arbeit.

Die verworfenen Tage

Unter verworfenen Tagen, auch Schwendtage genannt, verstand man Tage, an denen man nichts Neues beginnen durfte, weder eine neue Arbeit noch Reisen. Auch der damals viel geübte Aderlaß wurde an Schwendtagen nicht durchgeführt. Als »dies atri« waren die verworfenen Tage schon den Römern bekannt. Es sind im

Januar: 2., 3., 4., 18.
Februar: 3., 6., 8., 16.
März: 13., 14., 15., 29.
April: 19.
Mai: 3., 10., 22., 25.
Juni: 17., 30.
Juli: 19., 22., 28.
August: 1., 17., 21., 22., 29.
September: 21., 22., 23., 24., 25., 26., 27., 28.
Oktober: 3., 6., 11.
November: 12.

Jänner – Januar hat XXXI Tage

Wettersprüche

Je frostiger der Jänner,
je freudiger das ganze Jahr.

Ist der Jänner hell und weiß,
kommt der Frühling ohne Eis,
wird der Sommer sicher heiß.

Jänner warm, daß Gott erbarm.

So viel Tropfen im Jänner,
so viel Schnee im Mai.

Wirft der Maulwurf im Januar,
dauert der Winter bis Mai sogar.

Tanzen im Januar die Mucken,
muß der Bauer nach dem Futter gucken.

Die Erde muß ihr Bettuch haben,
soll sie der Winterschlummer laben.

Braut der Jänner Nebel gar,
wird das Frühjahr naß fürwahr.

Die Tage werden länger:
Weihnacht um an Muggenschritt,
Neujahr um an Hahnentritt,
Dreikönig um an Hirschensprung,
Lichtmeß um a ganze Stund'.

Lostage

Neujahr.

1 Neujahr, Christi Beschneidung, Basilius
Neujahrsnacht still und klar
deutet auf ein gutes Jahr.

2 Markarius, Theodor, Abel, Seth
Wie das Wetter an Markarius war,
so wird der September, trüb oder klar.

3 Genoveva, Bernar, Eutherius, Enoch

4 Titus, Gregor, Rigobert, Farhilde, Isabella

5 Simeon, Telesphorus, Petrus v. C.

H.3K.

6 Hl. 3 Könige, Erscheinung des Herrn
Ist Dreikönig hell und klar,
gibt's viel Wein in diesem Jahr.

7 Reinhold, Valentin, Sigrid, Tilmann, Isidor
St. Valentin nimmt die Feiertag hin.

Erhard.

8 Erhard, Severin, Adelheid, Gudula
St. Erhard mit der Hack
steckt die Feiertag in den Sack.

9 Julian, Basilissa, Adrian, Egilfred, Martial

PaulE.

10 Paul Eins., Walarich, Agathe, Wilhelm
Am 10. Jänner Sonnenschein
bringt viel Korn und Wein.

11 Tasso, Hyginus, Paulin, Petrus v. K., Mathilde

12 Ernst, Arkadius, Benedikt, Volkhold, Reinhold

13 Jutta, Hilarius

14 Felix, Theodemar, Odo, Pia

Ant A.

15 Paul d. E., Maurus, Romed, Imbert

16 Heinrich, Marzellus, Lando, Honoratus

17 Anton Eins., Josef v. F., Gamelbert

18 Priska, Petri Stuhlf. i. R., Paulus

Seb.

19 Knud, Kanutus, Marius, Audifax, Sara

20 Sebastian, Fabian, Klemens
An Fabian und Sebastian
fängt der rechte Winter an.

Agnes.

21 Agnes, Klara, Meinrad, Ermenburg
22 Vinzenz, Anastasius, Dietlinde
Wenn Agnes und Vincentis kommen,
wird neuer Saft im Baum vernommen. –
An Vincenzi Sonnenschein,
bringt viel Korn und Wein. –
Wie das Wetter um Vinzenz war,
wird es sein das ganze Jahr.
23 Mariä Verm., Emerentia, Raimund
24 Timotheus, Eusebius, Klara, Arno

Pauli B.

25 Pauli Bek., Heinrich Suso, Adelviva
Pauli Bekehr,
der halbe Winter hin, der halbe her,
dreht sich's Würzel um in der Erd. –
Hat Paulus weder Schnee noch Regen,
bringt das Jahr gar manchen Segen;
hat er Wind, regnet's geschwind. –
Pauli Bekehr: Gans, gib dein Ei her! –
Schön an Pauli Bekehrung,
bringt allen Früchten Bescherung. –
Ist zu Pauli Bekehr' das Wetter schön,
wird man ein gutes Frühjahr sehen;
ist's an diesem Tage aber schlecht,
dann kommt es spät als fauler Knecht. –
Ist Pauli Bekehrung hell und klar,
so hofft man auf ein gutes Jahr.
26 Paula, Polykarp, Roswitha, Edith
27 Johannes Chrys., Katharina
28 Manfred, Karl d. Gr., Amadeus

Franz S.

29 Franz v. S., Karl v. S., Arnulf, Valerius
30 Martina, Adelgunde, Dietlinde, Alan
Bringt Martina Sonnenschein,
hofft man viel Korn und Wein.
31 Petrus N., Johannes B., Eusebius, Emma

Februar hat XXVIII Tage

Wettersprüche

Hornung hell und klar
gibt ein gutes Frühjahr.

Februar hat seine Mucken,
baut von Eis oft feste Brucken.

Der Februar muß stürmen und blasen,
soll das Vieh im Langes grasen.

Heftige Nordwinde im Februar
vermelden ein gar fruchtbar Jahr.
Wenn der Nordwind aber im Feber nicht will,
dann kommt er sicher im April.

Februar Schnee und Regen
deuten an den Gottessegen.

Wenn's im Februar regnerisch ist,
hilft's so viel wie guter Mist.

Wenn's im Hornung nicht recht schneit,
schneit es in der Osterzeit.

Wenn's der Hornung gnädig macht,
bringt der Lenz den Frost bei Nacht.

Im Februar zu viel Sonne am Baum
läßt dem Obst keinen Raum.

Lostage im Februar

1 Ignatius v. A., Brigitta, Dietmar

Maria L.

2 Mariä Lichtmeß, Jakob, Mariä Reinigung

Scheint zu Lichtmeß die Sonne heiß,
gibt's noch sehr viel Schnee und Eis. –
Wenn's um Lichtmeß stürmt und schneit,
ist's zum Frühling nicht mehr weit. –
Lichtmeß im Klee,
Ostern im Schnee. –
Um Lichtmeß sieht der Bauer lieber den Wol
im Schafstall als die Sonne. –
Sonnt sich der Dachs in der Lichtmeßwoch,
eilt auf 4 Wochen er wieder in's Loch. –
So lange die Lerche vor Lichtmeß singt,
So lange sie nachher weder singt noch schwingt
Lichtmeß trüb,
Ist dem Bauern lieb. –
Ist's zu Lichtmeß licht,
Geht der Winter nicht.

Blasius.

3 Blasius, Philipp v. V., Ansgar

St. Blasius stößt dem Winter die Hörner ab.

4 Veronika, Andreas C., Gilbert

5 Agatha, Ingenuin, Albuin, Ida, Berta

Ing. u. Alb.

St. Agatha, die Gottesbraut,
macht, daß Schnee und Eis gern taut.

6 Dorothea, Titus, Hildegunde, Leo

St. Dorothe gibt den meisten Schnee.

7 Romuald, Richard, Thomas

8 Johannes v. M., Felix, Elfrieda, Salomon

Apoll.

9 Apollonia, Cyrill, Rainald, Lambert

Ist's an Apollonia feucht,
der Winter sehr spät entweicht.

10 Scholastika, Hugo, Wilhelm, Gabriel

11 Theodora, Desideria, Lourdesfest, Euphrosi

12 Benedikt, 7 Hl. Väter der Serviten, Eulalia
St. Eulalia Sonnenschein
bringt viel Obst und guten Wein.
13 Katharina v. R., Gregor, Heinrich, Kastor
14 Valentin, Bruno, Konrad, Dominika
15 Georgia, Faustinus, Jovita, Siegfried
16 Juliana, Philippa, Gregor, Simeon
17 Konstantia, Mangold, Roman
18 Susanna, Flavian, Simeon
19 Arnold, Konrad, Friedrich, Bonifaz, Gabinus
20 Ulrich, Eleutherius, Jordan, Mildreda, Eucharius
21 Eleonora, Felix, Irene, Gundhilda

P.Stuhlf. 22 Petri Stuhlfeier, Paulus, Margareta

Wie's Petrus vor Matthias macht,
so bleibt es noch durch 40 Nacht. –
Wenn's friert auf Petri Stuhlfeier,
friert's noch vierzehnmal heuer.

23 Romana, Petrus Dam., Otto, Robert, Severin

Math. Ap. 24 Matthias, Simeon, Philippa, Matthias

Mattheis bricht Eis,
hat er kein's,
so macht er eins. –
St. Matthias hab ich lieb,
denn er gibt dem Baum den Trieb. –
St. Mattheis wirft 'nen heißen Stein ins Eis. –
Taut es vor und auf Mattheis,
dann sieht es schlecht aus auf dem Eis.

25 Walpurga, Adeltrud, Viktor, Gerland
26 Alexander, Isabella, Ottokar, Gotthilf
27 Leander, Gabriel, Veronika
28 Roman, Martin v. M., Oswald
St. Roman hell und klar
bedeutet ein gutes Jahr.

März
hat XXXI Tage

Wettersprüche

Was ein richtiger März ist, soll eingehen wie ein Löwe und ausgehen wie ein Lamm.

Zu Anfang oder zu End
der März seine Gift send't.

Ein heiterer März
erfreut des Bauern Herz.

Märzenstaub und Märzenwind,
guten Sommers Vorbot sind.

So viel Nebel im März,
so viele Fröste im Mai,
so viel Gewitter im Sommer.

Gewitter im Märzen
gehn dem Bauern zu Herzen.

Märzenblüte ist nicht gut,
Aprilenblüte ist halb gut,
Marienblüte ist ganz gut.

Donnert's in den März hinein,
wird der Roggen gut gedeihn.

Märzen-Ferkel, Märzen-Fohlen,
Alle Bauern haben wollen.

Lostage

Albin. 1 Albin, Suitbert, Bertrand

2 Simplizius, Karl, Stephan v. U.
3 Kunigunde, Gerwin, Anselm Estom.
St. Kunigund
macht warm von unt'.
4 Kasimir, Luzius, Adrian, Rupert
5 Gerda, Eusebius, Konrad, Virgil, Friedrich
6 Friedrich, Felizitas

Thom. A. 7 Thomas A., Wilhelm, Hedda, Ardo, Felizitas

8 Johann v. G., Felix, Bruno, Arnulf, Philomen
9 Franziska v. L., Methodis, Cyrillus, Prudentius
10 40 Märtyrer, Ämilian, Gustav, Alexander
Wie das Wetter auf 40 Ritter fällt,
40 Tage dasselbe anhält.
11 Wolfram, Ulrich, Rosina

GregorP. 12 Gregor, Edmund, Engelhard, Paulus

Gregor zeigt dem Bauern an,
daß im Feld er säen kann.
13 Rüdiger, Rosina, Erich, Answin, Ernst
14 Mathilde, Paulina, Bonifatius K., Zacharias
15 Luise, Klemens m. H., Longinus, Christoph
16 Herbert, Eusebia, Kolumba, Zyriakus

Gertraud. 17 Gertrude, Patrik, Josef v. A.

Sonniger Gertrudentag,
Freud dem Bauern bringen mag. –
Ist Gertrude sonnig,
wird's dem Gärtner wonnig. –
An St. Gertrud ist es gut,
wenn in die Erd' die Bohn man tut. –
Es führt St. Gertraud
die Kuh zum Kraut,
das Roß zum Pflug,
die Bienen zum Flug.

18 Eduard, Cyrill, Anselm, Narzissus

Jos.L.P.

19 Josef, Ida, Adeltrud, Friedburg
Wenn's einmal um Josefi is,
so endet auch der Winter g'wiß.
Ist's am Joseftag klar,
so folgt ein fruchtbar Jahr.

20 Irmgard, Nizetas, Heribert, Ambrosius, Ruprecht

21 Benedikt n. R., Klaus v. Fl., Raimund
An St. Benedikt acht wohl,
daß man Hafer säen soll.

22 Lea, Reinhilde, Konrad, Kasimir

23 Otto, Bruno, Claudius, Eberhard

24 Gabriel, Clementia, Adelmar
Scheint auf St. Gabriel die Sonn,
hat der Bauer Freud und Wonn.

Mar.Verk.

25 Mariä Verk., Humbert, Ida, Alfwald
Maria Verkündigung
kommen die Schwalben wiederum. –
So viel Tage vor Marien die Frösche schreien,
so viel müssen sie nachher schweigen. –
Ist Marie schön und hell,
kommt viel Obst auf alle Fäll'.

26 Emanuel, Thekla, Felix, Luga

Rupert B.

27 Rupert v. S., Johann v. D., Hubert
Ist an Ruprecht der Himmel rein,
so wird er's auch im Juli sein.

28 Guntram, Johann C., Elfrieda, Malchus

29 Berthold, Zyrillus, Diemunt, Ludolf, Eustas

30 Roswitha, Quirin, Dodo, Guido

31 Amos Pr., Guido, Daniel, Werner
Wie der 29., so der Frühling.
Wie der 30., so der Sommer.
Wie der 31., so der Herbst.

April
hat XXX Tage

Wettersprüche

Wenn der April stößt rauh ins Horn,
So steht es gut um Heu und Korn.

April windig und trocken,
macht alles Wachstum stocken.

Heller Mondschein im April
gibt an Obst und Wein nicht viel.

Bauen im April die Schwalben,
gibt's viel Futter, Korn und Kalben.

Ist der April recht schön und rein,
wird der Mai um so wilder sein.

Wenn der April Spektakel macht,
gibt's Heu und Korn in voller Pracht.

Warmer Aprilregen,
bringt großen Segen.

Donner im April,
ist des Bauern Will.

Ist der April schön und rein,
braucht der Mai sich nicht zu freu'n,
schlimmer ist es, wenn er dürr,
denn kein Bauer dankt dafür.

Lostage im April

Hugo B.

1 Hugo, Gilbert, Lanzo, Theodor
2 Franz v. P., Rosamunde, Genoveva, Ebba
Sturm und Wind an Rosamunde
bringt gute Kunde.

Franz de P.

3 Konrad, Richard, Sixtus, Darius
4 Isidor, Maurus, Ambrosius
5 Irene, Vinzenz F., Burkhard, Gerhard, Hose
6 Ruthilde, Sixtus, Karolina, Methodius, Irenäu

Isidor.

7 Hermann Josef, Christian, Eberhard
8 Walter, Albert, Notker, Apollonia
9 Maria Kl., Waltrud, Hugo, Notker, Demetri
10 Ezechiel, Mechthild, Daniel

Vinzenz.

St.-Ezechiels-Tag, der hundertste Tag nach Neujahr, ist zum Leinsäen der beste Tag, wie auch der Tag St. Georg.
11 Leo P., Felix, Rainer
12 7 Schmerzen Mariä, Julius, Herta
13 Justinianus, Hermenegild, Ida, Roman
14 Hedwig, Valerian, Tiburtius
Am Tage Tiburtii sollen alle Felder grünen.
15 Anastasia, Reinert, Waltmann, Olympia
16 Lambert, Josef B., Bernadette, Rudbert
17 Rudolf, Robert, Gerwin, Stephan H., Rudol
18 Mechthilde, Apollonius
19 Kreszentia, Werner, Leo
20 Hildegard, Konrad v. P.
21 Alexandra, Anselm
22 Alfried, Soter, Kajus
23 Adalbert, Arnulf, Gerard, Ägidius, Albrecht

Georg.

24 Georg, Fidelis, Augustinus
Regnet's vorm Georgitag,
währt noch lang
des Segens Plag. –

Vor Georgi trocken,
nach Georgi naß. –
St. Georg und St. Marx,
drohen uns viel Arg's. –
Kommt St. Georg geritten
auf einem Schimmel,
so kommt ein gutes Frühjahr
vom Himmel. –
Zu Georgi blinde Reben,
volle Trauben später geben. –
Sind die Reben um Georgi noch blind,
so erfreut sich Vater, Mutter und Kind. –
Wenn es friert auf St. Fidel,
so friert es noch fünfzehnmal.

Mark. Ev.

25 Markus Ev., Erwin, Hermann
Gibt's an Markus Sonnenschein,
so bekommt man guten Wein. –
Ist auf Markus die dritte Buche grün,
so gibt's ein gutes Jahr. –
Ist Markus kalt,
so ist auch die Bittwoch kalt. –
So lange die Frösche vor Markus geigen,
so lange sie nach Markus schweigen.

26 Richard, Kletus, Marzellinus, Radbert

27 Petrus Can., Anastasius, Peregrinus

28 Paul v. Kr., Vitalis, Gerfried
Friert's am Tag von St. Vital,
friert es wohl noch 15 mal.

29 Peter M., Wilfried, Ava, Hugo, Sibylla

30 Katharina v. S., Rosamunde, Mathilde, Eutropius

Regen auf Walpurgisnacht
hat immer ein gutes Jahr gebracht.

Mai
hat XXXI Tage

Wettersprüche

Maikäferjahr ein gutes Jahr.

Maientau macht grüne Au:
Maienfröste unnütze Gäste.

Mairegen auf die Saaten:
Es regnet Dukaten.

Mai kühl und naß,
füllt Scheune und Faß.

Donnert es im Mai viel
Hat der Bauer gewonnen Spiel.

Ein Bienenschwarm im Mai
Ist wert ein Fuder Heu;
Aber ein Schwarm im Juni
Lohnt kaum die Müh'.

Der Mai in der Mitte
Hat für den Winter
immer noch eine Hütte.

Maientau
macht grüne Au.

Viel Gewitter im Mai,
singt der Bauer Juchhei.

Lostage

Philipp u. Jak.

1 Philipp, Jakob
Philippi und Jakobi,
viel friß i, wenig hob i.

2 Athanasius, Konrad, Mathilde, Siegmund
3 Kreuzauffindung, Alexander, Richard, Emilie
Wie's Wetter am Kreuzauffindungstag,
bis Himmelfahrt es bleiben mag.

Flor. u. Mon.

4 Florian, Monika, Isidor, Ada
5 Pius V., Angelus, Jutta, Judith, Gotthard
6 Johann v. d. Pf., Elisabeth, Edmar, Dietrich
7 Stanislaus, Gisela, Albert, Gottfried
8 Schutzfest des hl. Josef, Michael Ersch.
9 Gregor, Karolina, Beatus, Hiob
10 Antonin, Isidor, Gordian, Viktorin
11 Gangolf, Franz v. H., Walter, Thomas, Adalbert
12 Pankratius, Domitilla
Wenn's an Pankratius gefriert,
so wird im Garten viel ruiniert. –
Pankratius und Servatius
bringen oft noch viel Verdruß.
13 Servatius, Robert, Agnes
Wer seine Schafe schert vor Servaz,
dem ist die Woll' lieber als das Schaf. –
Servaz muß vorüber sein,
willst vor Nachtfrost sicher sein.
14 Bonifatius, Klemens, Jakob W.
Pankrazi, Servazi, Bonifazi
sind drei frostige Nazi,
und zum Schluß fehlt nie
die kalte Sophie.
15 Sophie, Johann B., Isidor
16 Johannes Nep., Ubald, Adalbert, Peregrin

17 Dietmar, Paschalis, Bruno, Torpetus
18 Erich, Venantius, Sebastian, Liborius
19 Zölestin, Ivo, Alchwin, Hadulf, Potentiana
20 Bernhard, Ulrich, Bartholomäus, Anastasius
21 Felix, Oswin, Ehrenfried, Pudens
22 Julia, Otto, Renata, Aigulf, Heinrich, Helene
23 Desiderius, Johann B., Wikbert
24 Johanna, Gastold, Hildebrand, Susanna

Urban

25 Urban, Gregor, Lambert.
St. Urbani säe Flachs und Hanf. –
Strahlt Urban im Sonnenschein,
gibt's vielen guten Wein. –
Scheint an Urbanstag die Sonne,
so gerät der Wein zur Wonne,
regnet's aber, nimmt er Schaden
und wird selten wohl geraten. –
Urban gibt den Rest,
wenn Servaz noch was übrig läßt. –
Danket St. Urban, dem Herrn,
er bringt dem Getreide den Kern. –
Wenn St. Urban kein gut Wetter geit,
wird er in die Pfützen geleit.
26 Marianne, Philipp Neri, Beda
27 Magdalena, Beda, Hidebert, Luzian
28 Wilhelm, Margareta, Viktor, Albert
29 Erwin, Maximinian, Maria Magdal.
30 Ferdinand, Felix
31 Petronella, Angela, Sigismund
Auf Petronellentag Regen,
wird sich der Hafer legen. –
Ist es klar an Petronell,
meßt den Flachs ihr
mit der Ell.

Juni
hat XXX Tage

Wettersprüche

Menschen und Juniwind
ändern sich geschwind.

Wie soll das Juniwetter sein?
Schön warm
mit Regen und Sonnenschein.

Auf den Juni kommt es an,
ob die Ernte soll bestan.

Juni feucht und warm,
macht den Bauer nicht arm.
Juni trocken mehr als naß,
füllt mit gutem Wein das Faß.

Juni viel Donner,
verkündet trüben Sommer.

Neumond und Vollmond im Juni
bringen Standwetter

Nordwind, der im Juni weht,
nicht im besten Rufe steht,
kommt er an mit kühlem Gruß,
bald Gewitter folgen muß.

Wenn kalt und naß der Juni war,
verdirbt er meist das ganze Jahr.

Lostage im Juni

1 Fortunat, Regina, Felix, Rupert, Nikodemus
Schönes Wetter auf Fortunat,
ein gutes Jahr zu bedeuten hat.

Erasmus.

2 Erasmus, Petrus v. R., Marzellin, Ephraim
3 Klothilde, Hildeborg, Hugo
4 Christa, Franz v. C., Quirin, Karpasius
5 Winfried, Bonifatius, Felix
6 Norbert v. X., Claudius, Bertrand, Benignus
7 Robert, Gottlieb, Lukretia

Medard.

8 Medardus, Johann St., Maria
Macht Medardus feucht und naß,
regnet's ohne Unterlaß.
Schier dasselbe gelten mag,
von St. Margareten's Tag. –
Was St. Medardus für Wetter hält,
solch Wetter auch in die Ernte fällt.
9 Primus, Felizian
10 Margarete, Theodor
Hat Margret keinen Sonnenschein,
dann kommt das Heu nie trocken ein.
11 Barnabas, Adelheid, Rembert
St. Barnabas nimmer die Sichel vergaß,
Hat den längsten Tag und das längste Gras.
Mit der Sens' St. Barnabas,
Schneidet ab das längste Gras.
12 Johann v. F., Basilides, Cyrinus
13 Anton v. P., Gerhard, Rambert, Tobias
Wenn St. Anton gut Wetter lacht,
St. Peter viel in Wasser macht.
14 Antonia, Basilius, Hartwig

Vitus.

15 Vitus (Veitstag), Modestus, Lothar
Nach St. Veit wendet sich die Zeit,
alles geht auf die andere Seit'. –

St. Vit bringt Regen und Fliegen mit. –
O heiliger St. Veit, regne nicht,
daß es uns nicht an Obst und Wein gebricht.

16 Benno, Berthold, Justina
Wer auf Benno baut,
kriegt viel Flachs und Kraut.

17 Adolf, Rainer, Rambold, Volkmar

18 Elisabeth, Gervasius, Markus

19 Emma, Juliana, Innozenz, Silverius

20 Florentina, Silverius, Silas

21 Alois, Rudolf, Martin, Alban

22 Eberhard, Sighild, Rotrud, Viktor, Achatius

23 Edeltrud, Jakob, Basilius

Joh.d.T.

24 Johann d. T., Reingard, Bartholomäus
Johannisregen
bringt keinen Segen. –
Vor Johanni bitt um Regen,
nachher kommt er ungelegen. –
Wenn der Kuckuck nach Johanni schreit,
ruft er Mißwachs und teure Zeit. –
Vor Johannestag
keine Gerste man loben mag. –
Tritt auf Johannis Regen ein,
so wird der Nußwachs nicht gedeih'n. –
Regnet's auf Johannistag,
ist's der Haselnüsse Plag.

25 Burkhard, Prosper, Adalbert, Eulogius

26 Johann, Paul, Vigilius, Rodulf, Jeremias

27 Ladislaus, Harald, Walter, Philippine

28 Leo II., Irenäus

Per. u. Paul.

29 Peter und Paul, Beatrix, Hemma
Regnet es an Peter Paul,
wird des Winzers Ernte faul.

30 Pauli Gedächtnis

Juli
hat XXXI Tage

Wettersprüche

Einer Reb und einer Geiß
Ist's im Juli nie zu heiß

Bringt der Juli heiße Glut,
So gerät der September gut.

Wenn gedeihen soll der Wein,
Muß der Juli trocken sein.

Wenn der Juli fängt zu tröpfeln an,
Wird man lange Regen han.

Juliregen nimmt den Erntesegen.

Julidonner füllt die Grummetkammer.

Wer nicht geht mit dem Rechen,
Wenn die Fliegen und Bremsen stechen,
Muß im Winter gehen mit dem Strohseil
Und fragen: »Wer hat Heu feil?«

Wenn der Kohl gerät, verdirbt das Heu.

Wenn die Bohnen üppig geraten,
Geraten auch trefflich unsere Saaten.

Was Juli und August nicht kochen,
Kann der September nicht braten.

Lostage

Mar. H.

1 Theobald, Dietrich, Regina

2 Mariä Heimsuchung, Prozessus, Otto

Regnet's am Tag unsrer lieben Frauen,
da sie das Gebirg tät beschauen,
so wird sich das Regenwetter mehren
und 40 Tag nacheinander währen. –
Geht Maria übers Gebirge naß,
bleiben leer Scheune und Faß.

3 Elgar, Gillian, Heliodor, Dietbald, Kornelius

Ulrich.

4 Berta, Ulrich, Werner, Berthold, Bruno

5 Zyrill, Method, Antonius M. Z., Charlotte

6 Isaias Proph., Mathilde, Mechthild, Goar

7 Willibald, Lorenz, Hedda, Felix

Kilian.

8 Kilian, Elisabeth v. P., Hermann

An St. Kilian
Säe Rüben und Wicken an. –
Kilian, der hl. Mann,
Stellt die ersten Schnitter an.

9 Gottfried, Anatolia, 19 Märtyrer v. G., Luise

10 Hl. 7 Brüder, Amalia, Engelbert

Wie's Wetter am Siebenbrüdertag,
es sieben Wochen bleiben mag.

11 Pius I., Ludwig, Olga, Sigbert

12 Andreas v. R., Johannes G. Heinrich

13 Arno, Margareta, Eugen, Anaklet

14 Bonaventura, Vinzenz, Markhelm

Alexi.

15 Apostelteilung, Heinrich, Reinswind

16 Maria v. B. K., Valentin, Irmgard, Ruth

17 Alexius, Leo, Theodosius

Friedrich.

18 Friedrich, Arnold, Kamillus, Isaak, Maternus

19 Vinzenz v. P., Aurelia, Bernhold, Rufina

Vinzenz Sonnenschein,
füllt die Fässer mit Wein.

Marg.

20 Margarethe, Elias Pr., Hieronymus, Rathold
Hat Margaret keinen Sonnenschein,
dann kommt das Heu nie trocken ein. –
Wenn es an Margret regnet,
regnet es noch 14 Tage. –
Regen am Margarethentag
sagt dem Hunger guten Tag.
21 Arbogast, Praxedes, Hermann, Daniel, Paulin

M. Magd.

22 Maria Magdalena, Laurentius, Verena
Magdalena weint um ihren Herrn,
drum regnet's an ihrem Tage gern.
23 Apollinaris, Liborius
Klar muß Apollinaris sein,
soll sich der Bauer freun.
24 Christine, Kunigunde, Gerburg
25 Jakob Ap., Christophorus, Meinrich
Wenn Jakobi klar und rein,
wird das Christfest frostig sein. –
Wenn der Kuckuck um Jakobi schreit,
das wird eine teure Zeit. –
Hundert Tage nach dem ersten Reif
nach Jakobi schneit es zu. –

Jakob u. Anna.

St. Jakob ist der erste Herbsttag.
Ist er schön, folgt gutes Wetter und umgekeh
26 Anna, Gotthalm, Christina
Ist St. Anna erst vorbei,
kommt der Morgen kühl herbei. –
Werfen die Ameisen auf am Annentag
ein strenger Winter folgen mag.
27 Natalia, Pantaleon, Berthold, Tetta, Martha
28 Viktor, Innozenz, Nazarius, Celsus, Pantale
29 Martha, Felix, Olaf, Simplizius, Beatrix
30 Wiltraud, Ingeborg, Abdon, Sennen
31 Ignaz v. L., Ernestine, Helene, Alfons

August
hat XXXI Tage

Wettersprüche

Ist der August im Anfang heiß,
wird der Winter streng und weiß;
stellen sich Gewitter ein,
wird's bis Ende auch so sein.

Bläst im August der Nord,
so dauert gutes Wetter fort.

Je dichter der Regen im August,
je dünner wird der Most.

Der Tau ist dem August so not,
wie jedermann sein täglich Brot.

Wettert es viel im Monat August,
du nassen Winter erwarten mußt.

Gibt's im August rechten Sonnenschein,
so wird die Ernte besser sein.

Im August viel Regen,
ist dem Wein kein Segen.

Im August der Morgenregen
wird vor Mittag noch sich legen.

Was die Hundstage (23.–28.) gießen,
muß die Traube büßen.

Lostage im August

1 Petri Kettenfeier, Makkabäische Brüder
Ist's von Petri bis Lorenzi heiß,
dann bleibt der Winter lange weiß.

Port. Abl.

2 Portiunkula, Alfons, Maria, Stephan, Gustav
Eine Portiunkulawoche ist immer gut, entweder die vor oder nach Portiunkula.

3 Lydia, Gottfried, Benno

4 Dominikus
Hitze an St. Dominikus,
ein strenger Winter kommen muß.

Mar. Schnee.

5 Mariä Schnee, Oswald, Afra
Regen an Maria Schnee
tut dem Korn tüchtig weh. –
Oswaldtag muß trocken sein,
sonst wird teuer Korn und Wein.

6 Verklärung Jesu, Sixtus

7 Kajetan, Donatus, Ulrich, Konrad

8 Hartwig, Zyriakus, Largus, Reinlinde

9 Romanus, Johannes M. V., Hugo, Roland

Laurent.

10 Laurentius, Amadeus, Erlwin
Laurenz muß heiß sein,
soll der Wein gut sein. –
Nach St. Laurentii wächst das Holz nicht mehr.
Sollen Trauben und Obst sich mehren,
dürfen mit Laurenz die Wetter aufhören. –
Laurenz setzt den Herbst an die Grenz;
Bartlmä bringt ihn her.

11 Susanna, Philomena, Leonhard, Hermann

12 Klara, Eberhard, Cäcilia, Hilaria

Cassian.

13 Kassian, Gertrud, Hippolyt, Ludolf
Wie das Wetter an Kassian,
hält es mehrere Tage an.

14 Albert, Eusebius, Eberhard

M. Himmelf. 15 Mariä Himmelfahrt, Mechthilde, Arnulf

Hat uns're Frau gut Wetter,
wenn sie zum Himmel fährt,
gewiß sie guten Wein beschert. –
Himmelfahrt Mariä Sonnenschein,
bringt guten Wein.

16 Rochus, Joachim, Theodor, Leo
17 Betram, Hyazinth, Irlanda, Klara
18 Helene, Beatrix, Agapetus
19 Sebald, Ludwig, Johannes Eudes
20 Bernhard, Oswin, Stephan K., Herbert
21 Balduin, Johanna Fr., Margareta v. L., Adolf
22 Siegfried, Timotheus, Hippolythus
23 Philipp B., Ascelina, Zachäus

Barthol. 24 Bartholomäus, Theoderich

Wie Bartholomäitag sich hält,
so ist der ganze Herbst bestellt. –
Gewitter um Bartholomä
bringen Hagel und Schnee. –
Bartholomäus hat's Wetter parat,
für den Herbst bis zur Saat. –
Regen an St. Bartholomä,
tut den Reben bitter weh. –
Zu Jakobi (25. Juli) werden die Äpfel gesalzen,
zu Bartholomä geschmalzen.

25 Ludwig, Gregor, Genesius, Ebba
26 Zephyrin, Mennas, Wilhelm, Erluin
27 Gebhard, Josef v. K., Theodor

August. 28 Augustin, Hermes, Elmar, Adelinde

Am Augustin ziehen die Wetter dahin.

29 Johannes Enth., Sabina, Verona
30 Rosa v. L., Felix, Ingrid, Rebekka
31 Raimund, Paulinus, Kolumba
St. Raimund treibt die Wetter aus.

September hat XXX Tage

Wettersprüche

Wie im September tritt der Neumond ein,
so wird das Wetter den Herbst durch sein.

Ist September warm und klar,
hoffen wir ein fruchtbar Jahr.

Septemberregen
ist dem Bauer gelegen;
wenn er aber den Winzer trifft,
ist er ebenso schlecht wie Gift.

Wenn der September noch donnern kann,
setzen die Bäume viel Blüten an.

Wird das Obst sehr langsam reif,
gibt's im Winter statt Eis nur Reif.

Nach Septembergewittern
wird man im Hornung
vor Schnee und Kälte zittern.

Durch Septembers heitern Blick
schaut manchmal der Mai zurück.

September warm, Oktober kalt.

Der September entspricht dem März, wie
Juni dem Dezember.

Lostage

Aegid.

1 Ägidius, Ruth, Verena, Barbara
Ist's an St. Ägidi rein,
wird's so bis Michaeli sein. –
Wie der Hirsch in die Brunst tritt (Ägidi),
so tritt er wieder heraus (Michaelis). –
Wenn St. Ägid bläst ins Horn,
heißt es: Bauer sä' Dein Korn. –
Der Jagdherr Ägidius trägt das Wetter des ganzen Septembers in der Tasche.

2 Stephan K., Margareta v. L., Wilhelm, Absalon
3 Ida, Seraphina, Otto, Degenhard, Mansuet
4 Rosalia, Hadwig, Irmgard, Simon
5 Laurentius, Justiniana, Bertin, Herkules
6 Magnus, Lätus, Zacharia, Meinhold
7 Dietrich, Regina, Stephan

MariaGeburt

8 Mariä Geburt, Hadrian, Josepha
Mariä Geburt
ziehen die Schwalben furt.
Wie sich's Wetter um Mariä Geb. tut halten,
so wird es sich noch vier Wochen gestalten.

9 Gorgonius, Peter Claver, Korbinian
Bringt St. Gorgon Regen,
folgt ein Herbst mit bösen Wegen. –
St. Gorgon
bringt die Lerchen davon.

10 Diethard, Nikolaus v. T., Adolf, Jodokus

11 Protus, Helga, Hyazinth, Daniel
Wenn's an Protus nicht näßt,
ein dürrer Herbst sich erwarten läßt.

12 Mariä Namen, Guido, Silvian, Syrus
13 Maternus, Peter, Amatus
14 Kreuzerhöhung, Notburga, Kornelius
15 Melitta, Nikodemus, Reinbert

16 Ludmilla, Kornelius, Zyprian, Euphenia
17 Lambert, Hildegard, Reginald
Trocken wird das Frühjahr sein,
ist St. Lambert klar und rein.

Eustach.

18 Thomas, Josef v. C., Rudolf, Titus
19 Arnulf, Januarius, Luzia, Lambert, Sidonia
20 Eustachius, Fausta

Matth.

21 Matthäus Ev., Maura
Wenn Matthäus weint statt lacht,
Essig aus dem Wein er macht.
Wetter, das an Matthä klar,
bringt guten Wein im andern Jahr.
22 Mauritius, Thomas, Otto, Lintrud, Moritz
Zeigt sich klar Mauritius,
viele Stürm' er bringen muß.
23 Thekla, Linus, Viktor

Gerh.

24 Gerhard, Rupertus, Maria vom Siege
25 Kleophas, Theoderich, Ermenfried
Nebelt's an St. Kleophas,
wird der ganze Winter naß.
26 Zyprian, Justina, Hedda
27 Kosmas, Damian, Hiltrud, Florentin, Adolf
28 Wenzel, Erhard, Dietmar, Gunthilde
Wie viel Fröste vor St. Wenzeslaus fallen,
so viel werden nach Philippi u. Jakobi folgen

Michael Erz.

29 Michael, Adelrich
St. Michaeliswein,
süßer Wein, Herrenwein. –
Regnet's sanft am Michaelstag,
sanft der Winter werden mag. –
Wenn die Zugvögel nicht vor Michaelis wegziehen, so deutet das auf gelindes Wetter, wenigstens bis Weihnachten.
30 Hieronymus, Sofie, Otto

Oktober
hat XXXI Tage

Wettersprüche

Ist Oktober warm und fein,
kommt ein scharfer Winter hinterdrein;
ist er aber naß und kühl,
mild der Winter werden will.

Schneit's im Oktober gleich,
wird der Winter weich.

Bleibt's Laub am Ast,
viel Ungeziefer zu fürchten hast.

Oktober und März
gleichen sich allerwärts.

Zu Ende Oktober Regen,
bringt ein fruchtbar Jahr zuwegen.

Wenn Buchenfrüchte geraten wohl,
Nuß- und Eichbaum hängen voll,
so folgt ein harter Winter drauf
und fällt der Schnee mit großem Hauf.

Ist der Oktober kalt,
so macht er fürs nächste Jahr
dem Raupenfraß halt.

Bringt Oktober Frost und Wind,
wird der Januar gelind.

Lostage im Oktober

1 Remigius, Benedikt v. M., Giselbert, Benignu

2 Leodegar, Gottfried, Schutzengelfest

Laubfall am Leodegar
kündet an ein fruchtbar Jahr.

3 Ewald, Theresia v. K. J., Kandidus

4 Franz v. A., Edwin, Edelburg

Rosenk.

5 Gerwich, Plazidus, Raimund, Fides

6 Konrad, Bruno, Adalbero, Friederike

7 Rosenkranzfest, Justina, Gerold, Amalia

8 Brigitta, Valeria, Hugo, Simeon, Pelagia

Dionis.

9 Dionysius, Ingrid, Johannes v. L.

Regnet's an St. Dionys,
wird der Winter naß gewiß.

10 Franz v. B., Ludwig B., Ethelburg, Gereon

11 Bruno, Nikasius, Ämilian, Tassilo, Burkhard

12 Maximilian, Wilfried, Eustachius

Theresia.

13 Koloman, Edmund, Odilo, Gerald, Eduard

14 Hildegund, Kallistus, Burkhard

15 Theresia v. A., Aurelia, Thekla, Hedwig

Gallus.

16 Gallus, Florentin, Witburg

St. Gallen läßt den Schnee fallen,
treibt die Kuh in den Stall
und den Apfel in den Sack. –
Ist St. Gallus naß,
ist's für den Winter kein Spaß. –
Tritt St. Gallus trocken auf,
folgt ein nasser Sommer drauf. –
Gießt St. Gallus wie ein Faß,
ist der nächste Sommer naß;
ist er trocken,
folgt vom Sommer noch ein Brocken. –
Auf St. Gall,
bleibt die Kuh im Stall. –

17 Hedwig, Margareta, Aloisia, Florentina
Mit St. Hedwig und St. Gall
schweigt der Vögel Sang und Schall.

Lukas.

18 Lukas, Ev., Leopold, Benno
Ist St. Lukas mild und warm,
kommt ein Winter, daß Gott erbarm. –
Wer an Lukas Roggen streut,
es im Jahr drauf nicht bereut.

19 Petrus v. A., Laura, Klemens A., Ferdinand

20 Edmund, Felizian, Wendelin

Ursula.

21 Ursula, Hilarian, Wilhelma
Ursula bringt's Kraut herein,
sonst schneien Simon und Juda drein.

22 Kordula, Maria Salome, Ingbert

23 Severin, Josefine, Johann v. K., Wendelin, Uta
Wenn's St. Severin gefällt,
bringt er mit die erste Kält.

24 Raphael, Martin, Maxentia, Salome

Crispin.

25 Krispin, Ludwig, Chrysantus, Daria, Wilhelmine
Mit Krispin
sind alle Fliegen dahin.

26 Amandus, Evaristus, Plazidus

27 Sabina, Frument

Sim.u.J.

28 Simon, Judas Th., Alfred
Simon und Juda, die zwei,
führen oft den Schnee herbei. –
Wenn Simon und Judas vorbei,
rücket der Winter herbei.

29 Sigibert, Narzissus, Margareta v. S.

30 Klaudius, Alphons R., Liutburg

31 Wolfgang, Notburg v. K.
St. Wolfgang Regen
verspricht ein Jahr voll Segen.

November
hat XXX Tage

Wettersprüche

November tritt oft hart herein,
braucht nicht viel dahinter zu sein.

Bringt November viel Naß,
gibt's auf den Wiesen viel Gras.

Wenn's zu Allerheiligen schneit,
Halte deinen Pelz bereit.

Wenn im November die Bäume blühn,
Wird sich der Winter lang hinausziehn.

Ist der November kalt und klar,
wird trüb und mild der Januar.

Sitzt November fest im Laub,
wird der Winter hart, das glaub'.

Wenn's im November donnern tut,
wird das nächste Jahr recht gut.

Im November ist hinter jeder Staude ein anderes Wetter.

November naß,
bringt jedem etwas.

Novemberschnee tut den Saaten wohl,
nicht weh.

Lostage

AllerH. 1 Allerheiligen, Dietburg, Dietran

An Allerheiligen
sitzt der Winter auf den Zweigen. –
Allerheiligen-Reif
macht zur Weihnacht alles steif. –
Bringt Allerheiligen einen Winter,
so bringt Martini einen Sommer. –
Ist's zu Allerheil'gen rein,
tritt Altweibersommer ein.

2 Allerseelen, Justus, Rathold, Viktorin
3 Hubert, Pirmin, Ida, Erich Judith, Gottlieb
4 Karl Borr., Vitalis, Agricola, Emmerich
5 Emmerich, Zacharias, Elisabeth, Blandine
6 Leonhard, Stephan, Simon, Christina, Erdmann
7 Engelbert, Gertraud, Baldus, Malachius
8 Gottfried, 4 gekrönte Märtyrer, Severus
9 Theodor, Kirchweihe der Lateranbasilika
10 Andreas Ap., Justus, Tryphon, Probus

Martin B. 11 Martin B., Mennas, Bruno, Agnes

Bringt St. Martin Sonnenschein,
tritt ein kalter Winter ein. –
St. Martin setzt sich schon mit Dank
zum warmen Ofen auf die Bank. –
Ist das Brustbein der Martinsgans weiß,
so wird der Winter streng, ist es braun,
soll es mehr Schnee als Kälte, ist es weiß,
mehr Kälte als Schnee bedeuten. –
– St. Martin – Feuer im Kamin. –
Ist es um Martini trüb,
wird der Winter auch nicht lieb.

12 Kunibert, Ämilian, Adelheid, Jonas
13 Stanislaus Kostka, Didakus, Eugen, Briccius
14 Alberich, Josaphat, Venerand, Richard, Levinus

Othmar. 15 Leopold, Albert d. Gr., Hugo, Arnulf

16 Othmar A., Gertrud, Walter, Answald

17 Gregor, Hiltrud, Hugo, Edmund

18 Hilda, Odo, Gelasius

Elisabeth. 19 Elisabeth v. Th., Pontianus, Mechthild

St. Elisabeth sagt's an,
was der Winter für ein Mann.

20 Felix, Edmund, Gerhard, Bruno

Maria Opf. 21 Mariä Opferung, Albert, Columban

Mariä Opferung klar und hell
macht den Winter streng ohne Fehl.

22 Cäcilia, Ava, Prokop

23 Klemens, Felizitas, Adele, Wolftrud

24 Johann v. Kr., Chrysogonus

Kathar. 25 Katharina v. A., Egbert, Adrian

Wie das Wetter um Kathrein,
wird auch der nächste Hornung sein. –
Wie St. Kathrein
wird's Neujahr sein. –
Wenn kein Schneefall auf Kathrein is,
auf St. Andreas kommt er gewiß.

26 Konrad, Petrus v. A., Albert, Leonhard

Vig. 27 Virgil, Günther, Ada, Gustav

Friert es auf Virgilius,
im Märzen Kälte kommen muß.

28 Gerhard, Sosthenus, Jakob, Rufus

29 Walter, Franz Josef Rudigier

Andrä A. 30 Andreas Ap., Bernard

Wirft herab Andreas Schnee,
tut's dem Korn und Weizen weh. –
Schau in der Andreasnacht,
was für Gesicht das Wetter macht:
So wie es ausschaut, glaub's fürwahr,
bringt's gutes oder schlechtes Jahr.

Dezember
hat XXXI Tage

Wettersprüche

Ist der Dezember wild mit viel Regen,
dann hat das nächste Jahr wenig Segen.

Donnert's im Dezember gar,
bringt viel Wind das nächste Jahr.

Dezember kalt mit Schnee
gibt Korn auf jeder Höh'.

Kalter Dezember und fruchtbar Jahr
sind vereinigt immerdar.

Viel Wind und Nebel in Dezembertagen,
schlechten Frühling und schlechtes Jahr
ansagen.

Je dunkler es überm Dezemberschnee war,
je mehr leuchtet der Segen im nächsten Jahr.

Dezember lind,
der Winter ein Kind.

Kalter Dezember, zeitiger Frühling.

Wie der Dezember, so der Juni.

Wenn's nicht vorwintert, so wintert's nach.

Trockener Dezember – trockener Sommer.

Lostage im Dezember

1 Eligius, Edmund, Natalia, Longinus
Fällt zu Eligius ein kalter Wintertag,
die Kälte wohl vier Monde dauern mag.

Barb.

2 Herta, Bibiana, Blanka, Aurelia
3 Franz Xaver, Lucius, Atala, Ratfried, Kassia
4 Barbara, Petrus Chr., Odilia
St. Barbara soll Blütenknospen zeigen.

Nikol.

5 Gerald, Sabbas, Reginhard, Abigail
6 Nikolaus, Gertrud, Albin
7 Ambrosius, Sigtrud, Gerhald, Agathon

Maria E.

8 Mariä Empfängnis, Elfrida
9 Joachim, Leokadia, Valeria
10 Judith, Imma, Herbert, Witgar, Anton
11 Damasus, Ida, Arthur, Wilbrig, Dietrich
12 Justin, Maxentius, Konstantinus, Epimachus

Luk. Otil.

13 Luzia, Ottilia, Jodok, Benno
St. Luzia kürzt den Tag,
so viel sie ihn kürzen mag.
14 Berthold, Spiridion, Lothar, Nikasius
15 Ignaz, Cälian, Christina
16 Adelheid, Eusebius, Rainald, Albine
17 Lazarus, Viviana, Jolanda
Ist St. Lazar nackt und bar,
wird ein gelinder Februar.
18 Gratianus, Winbald, Desideratus, Wunibald
19 Urban, Nemesius, Fridbert, Abraham
20 Christian, Liberatus, Vitus, Amon

Thom.

21 Thomas Ap., Severin, Petrus
Wenn St. Thomas dunkel war,
gibt's ein schönes neues Jahr.
22 Beata, Demetrius, Teno, Jutta
23 Viktoria, Agnes, Hartmann, Dagobert
24 Adam, Eva, Adela, Christoph

Christtag.

Wie's Adam und Eva spend't,
bleibt das Wetter bis zum End.

25 Christfest, Anastasius, Adelhard

Ist die Christnacht hell und klar,
folgt ein höchst gesegnet Jahr. –
Ist's zu Weihnacht warm und lind,
kommt zu Ostern Schnee und Wind. –
Wenn's windig an Weihnachtsfeiertagen,
sollen die Bäume viel Obst noch tragen. –
Wenn's um Weihnacht feucht und naß,
gibt's leere Speicher und leere Faß. –
Weihnacht, das im grünen Kleid,
hält für Ostern Schnee bereit. –
Schnee in der Christnacht – gute Hopfenernte. –
Hängt zur Weihnacht Eis von den Weiden,
kannst zu Ostern Palmen schneiden. –
Ist am Abend auch die Christnacht klar,
ohne Regen, nimm aber wahr,
ob die Sonne des Morgens hat ihren Schein,
das nächste Jahr wird werden viel Wein. –
Ist das Wetter um Weihnacht gelinde,
so währt die Kälte gewöhnlich lange
in's Frühjahr hinein.

Stephan.

26 Stephanus, Dionysius

Windstill muß St. Stephan sein,
soll der nächste Wein gedeih'n.

27 Johann Ev., Christina, Hugo

Unsch.K.

28 Unschuldige Kinder, Hermann

29 Thomas B., Rambert, Luzia, Egwin, Jonathan

30 Lothar, David, Sabinus, Rainer

31 Silvester, Melani, Gunther, Balduin, Gottlob

Wind in St. Silvesters Nacht,
hat nie Wein und Korn gebracht.

Wenn du mit deiner linken Hand in des Mondes Schein greifen möchtest oder könntest, das ist ein Zeichen, daß der Mond wächst, und im Zunehmen ist. So du aber mit deiner rechten Hand in des Mondes Schein greifen möchtest, so wisse, daß der Mond im Abnehmen ist.

Der Mondeinfluß

Düngen soll man bei abnehmendem Mond im Tierkreiszeichen der Waage. So wird der Mist rasch vom Boden aufgenommen. Würde bei zunehmendem Mond gedüngt, dauerte die Aufnahme in den Boden wesentlich länger.

Jauche muß man bei Vollmond aufs Feld bringen, da bei abnehmendem Mond die Grasnarbe verbrannt würde.

Getreide soll bei Vollmond und im Zeichen der Waage gesät werden. Die Ernte soll bei abnehmendem Mond stattfinden und auch das Lagern des Getreides hat bei abnehmendem Mond zu geschehen, da es sonst bald keimen würde.

Mais muß bei wachsendem Mond gesät werden, dann gibt es große Kolben. Das Ausmachen des Maiskolbens von den Hüllblättern soll bei abnehmendem Mond geschehen.

Runkelrüben müssen bei abnehmendem Mond gesetzt werden, *Weiße Rüben* dagegen bei zunehmendem Mond.

Kartoffeln sollen bei abnehmendem Mond im Zeichen des Fisches gesetzt werden. Bei zunehmendem Mond gäbe es sehr hohe Kartoffelstauden und nur kleine Kartoffeln. Beachtet man das Zeichen des Fisches nicht, so haben die geernteten Kartoffeln Auswüchse und keine glatte Schale. Ernten soll man die Kartoffeln bei abnehmendem Mond im Zeichen der Waage. Sie keimen dann im Keller nicht so schnell.

Saubohnen oder *Pferdebohnen* sollen bei zunehmendem Mond im Zeichen des Krebses gesteckt werden.

Rettiche müssen bei abnehmendem Mond gesteckt werden. Die Säerin muß, wenn sie auf große Ernte Wert legt, einen breitkrempigen Hut aufsetzen und während des Säens leise sprechen: »I will koan, i brauch koan. (Ich will keinen, ich brauch keinen).«

Fisolen und *Erbsen* sollen bei abnehmendem Mond gesät werden.

Zwiebeln soll man bei Vollmond im Zeichen der Waage setzen. Fällt dieses Zeichen auf den Karfreitag, so ist das am besten. Die Zwiebeln, die in diesem Zeichen gesetzt werden, bleiben hart und faulen nicht.

Salat soll bei abnehmendem Mond und im Zeichen der Waage gesät werden. Bei zunehmendem Mond gibt es keine Köpfe, der Salat schießt sofort auf.

Kürbis soll bei einem weichen Zeichen (Fisch oder Wassermann) gesät werden.

Flachs, im Vollmond gesät, ergibt viel Leinsamen. Bei zunehmendem Mond gesät, wird die Faser haltbarer.

Von *Gartenblumen* soll man bei zunehmendem Mond im Zeichen der Jungfrau Ableger nehmen.

Obst soll nur bei abnehmendem Mond gepflückt werden, da es sich dann länger hält.

Einwecken und *Einkochen* soll nur bei abnehmendem Mond vorgenommen werden.

Bäume sollen bei zunehmendem Mond im Zeichen der Jungfrau veredelt werden.

Kraut muß bei abnehmendem Mond im Zeichen der Waage gesät werden. Zur Bereitung von Sauerkraut muß das Kraut bei abnehmendem Mond im Zeichen des Steinbocks geschnitten und in das Faß gegeben werden.

Fruchtweine oder *Most* sollen bei abnehmendem Mond zur Gärung angesetzt werden, da die Gärung sonst zu schnell verlaufen und der Geschmack darunter leiden würde.

Brütende Hennen sollen so angesetzt werden, daß die Küken bei Vollmond schlüpfen.

Eier sollen bei abnehmendem Mond im Zeichen des Steinbocks im Kalkwasser eingelegt werden.

Kälber soll man bei Vollmond der Kuh entwöhnen, aber nicht im Zeichen des Skorpions oder des Krebses.

Im Herbst soll man das Vieh bei zunehmendem Mond das letzte Mal auf die Weide treiben, dann sind die Rinder den ganzen Winter über gut zu füttern und haben eine gute Milchleistung.

Wäsche soll nur bei abnehmendem Mond gewaschen werden, da sich bei zunehmendem Mond der Schmutz nur schlecht aus der Wäsche löst.

Zimmer sollen nur bei abnehmendem Mond ausgemalt werden, da die Wände dann länger sauber bleiben und die Farbspritzer sich leichter vom Boden und von den Fenstern entfernen lassen.

Wenn *Holzböden* bei abnehmendem Mond im Zeichen des Steinbocks gelegt werden, bekommen sie keine Spalten und bleiben eben.

Schweine sollen bei abnehmendem Mond verschnitten werden, da dann die Wunde besser verheilt. Das Schweineschlachten soll bei Vollmond im Zeichen des Widders oder Stiers geschehen.

Speck soll nur bei abnehmendem Mond im Zeichen des Steinbocks in die Selchanlage gehängt werden. Nur so wird der Speck hart.

Holzschlag-Regeln

Holz, das weder faul noch wurmig und mit zunehmendem Alter härter werden soll, muß am 31. Januar, 1. und 2. Februar geschlagen werden.

Wird der Baum in den letzten drei Tagen des Februars bei abnehmendem Mond geschlagen, gibt es keine Wurzelschößlinge und die Wurzeln verfaulen.

Holz, das am 25. März, 29. Juni und am 21. Dezember geschlagen wird, schwindet nicht. Besonders die Zeit von 11 bis 12 Uhr mittags am 21. Dezember ist ein Zeitpunkt, der heute noch beachtet wird.

Bauholz soll in den letzten Dezembertagen geschlagen werden, da es nicht fault und nicht wurmig wird. Gutes Bauholz erhält man auch, wenn die Bäume im November bei abnehmendem Mond geschlagen werden.

Um den Holzwurm zu vermeiden, muß man die Bäume schlagen, wenn der Mond seit drei Tagen abnimmt und das Zeichen des Steinbocks ist.

Brennholz muß bei abnehmendem Mond im Schuppen gelagert werden, da es sonst Feuchtigkeit anzieht und grau (schimmelig) wird.

Alte Zimmerleute und Bauern in Tirol beurteilen die Verwendbarkeit eines Baumstamms nicht nur nach dem Aussehen und dem Tag des Schlagens, sondern auch nach der Richtung des Faserverlaufs. Sie sprechen von »nachsinnig« und »widersinnig«. Um festzustellen, wie die Faser verläuft, zieht man eine Holzfaser des Stammes auf und legt die rechte Hand in Richtung Wipfel auf den Stamm. Verläuft die Faser in Richtung des Daumens, wird das Holz als »widersinnig« bezeichnet, verläuft sie in Richtung des Zeigefingers, nennt man es »nachsinnig«. »Nachsinniges« Holz ist für Schindeln geeignet. Als Bauholz soll man nur »widersinniges« Holz verwenden, weil es sich nicht verdreht und nicht reißt.

Wer alte Bauernhäuser betritt, kann oft feststellen, daß der Boden aus 30 bis 40 cm breiten Brettern besteht. Wenn diese

Bretter mit der Kernseite – das ist die Seite der Stammitte zu – nach oben verlegt worden sind, ist der Boden glatt und eben. Bei umgekehrter Lage wird er ungleich und rauh.

Sträucher (aber auch Heidekraut und Unkraut), drei Tage vor dem 21. Juni ausgerissen, wachsen nicht mehr nach.

Saat- und Pflanzzeiten für Gemüse

Die Angaben beziehen sich auf 10 Quadratmeter. Die Saatzeiten sind ungefähre Angaben, da sie zu sehr von dem Klima der einzelnen Gebiete abhängen.

Blumenkohl (Karfiol)

Auf 10 m^2 werden von frühen Sorten 40 Pflanzen in einem Reihenabstand von 40–50 cm und in einem Pflanzenabstand von 50 cm im April gesetzt. Späte Sorten kommen ab Ende Mai bis Mitte Juli in die Erde. Von der späten Sorte werden nur 27 Pflanzen für 10 m^2 benötigt. Der Reihenabstand ist 60 cm, der Pflanzenabstand 60–70 cm.

Buschbohnen

100–120 g Samen werden in 50 cm Reihenabstand und einem Pflanzenabstand von 40 cm von Mitte Mai bis Mitte Juli gesät.

Endivien

Sommerendivien werden Anfang Juni ins Freiland gesetzt. Für 10 m^2 braucht man 111 Pflanzen, die in einem Reihenabstand von 30 cm und einem Pflanzenabstand von 30 cm gesetzt werden. Winterendivien kommen Ende Juli bis Mitte August ins Freiland. 83–111 Pflanzen werden in einem Reihenabstand von 30–40 cm und einem Pflanzenabstand von 30 cm gesetzt.

Gurken

Ab Mitte Mai können 6–10 Korn Gurkensamen je m^2 ins Freiland gesät werden. Anfang Juni sollen die zu dicht aufgegangenen Pflanzen ausgedünnt werden. Pflanzenabstand 35 cm, Reihenabstand 1 m.

Karotten

Frühe Karottensorten werden 6–8 g Samen in einem Reihenabstand von 20 cm im April, die Spätsorten in einem Reihenabstand vo 25–30 cm ab April bis Ende Juli ausgesät. Von der Spätsorte werden 4–5 g benötigt.

Knoblauch

400–500 Zehen werden in einem Reihenabstand von 20 cm und einem Pflanzenabstand von 10 cm im April oder Ende September gesetzt.

Kohl oder Wirsing

Frühe Kohlsorten werden 40 Stück in 50 cm Reihenabstand und 50 cm Pflanzenabstand im April gesetzt. Von späten Sorten 33 Stück in einem Reihenabstand von 50–60 cm und einem Pflanzenabstand von 50 cm Ende Mai bis Ende Juni gepflanzt.

Kohlrabi

Ab Ende März oder Anfang April kann laufend Kohlrabi gepflanzt werden. Die frühen Sorten ab April, die späten Sorten von Ende Juni bis Mitte Juli. Von frühen Sorten benötigt man 132 Pflanzen, die in 30 cm Reihenabstand und 25 cm Pflanzenabstand gesetzt werden. Späte Kohlrabisorten benötigen 30 cm Reihenabstand und 30 cm Pflanzenabstand. 62 Pflanzen sind für 10 m^2 notwendig.

Kopfsalat

Vom frühen Kopfsalat werden 160 Pflanzen in einem Reihenabstand von 25 cm und einem Pflanzenabstand von 25 cm ab April ins Freiland gesetzt. Sommersalat wird ab Ende Mai bis Mitte August in einem Reihenabstand von 30 cm und einem Pflanzenabstand von 25–30 cm gesetzt. Man benötigt 111–133 Pflanzen. 250 Wintersalatpflanzen werden in einem Reihenabstand von 25 cm und einem Pflanzenabstand von 20 cm von Anfang September bis Ende Oktober gesetzt.

Kresse

120–200 g Samen werden je m^2 in einem Reihenabstand von 15 cm im April gesät.

Mangold

12–20 g Samen werden in einem Reihenabstand von 35 cm und einem Pflanzenabstand von 10–15 cm von Ende April bis Juni gesteckt.

Meerrettich oder Kren

80 Setzlinge auf 10 m^2 werden in einem Reihenabstand von 50 cm und einem Pflanzenabstand von 25 cm im April gesetzt.

Petersilie

Blattpetersilie wird im April in einem Reihenabstand von 10–20 cm ins Freiland gesät. Wurzelpetersilie wird im April in einem Reihenabstand von 25–35 cm gesät. Von beiden Sorten braucht man 4–5 g Samen.

Pferdebohnen, Puff-, Acker- oder Saubohnen

200 g Samen werden in einem Reihenabstand von 40 cm und einem Pflanzenabstand von 20 cm ab April gesät.

Porree

340 Pflanzen werden in 30 cm Reihenabstand und 10–15 cm Pflanzenabstand Anfang Juni gesetzt.

Radieschen

Von Ende März bis August können in einem Reihenabstand von 15–20 cm und einem Pflanzenabstand von 5 cm Radieschen-Samen gesteckt werden. Man benötigt 20 g.

Petersilie

Pferdebohne

Rettich

Mai- und Sommerrettich wird im Mai in einem Reihenabstand von 20 cm und einem Pflanzenabstand von 10 cm gesteckt. Herbst- und Winterrettich wird in einem Reihenabstand von 25 cm und einem Pflanzenabstand von 10 cm Ende Juli bis Anfang August gesteckt. Von beiden Sorten benötigt man je 15 g Samen.

Rhabarber

10 Stöcke werden in einem Reihenabstand und einem Pflanzenabstand von 1 m im April oder September gesetzt.

Rote Rüben (Rote Bete, Rohnen, Randen)

10–20 g Samen wird in einem Reihenabstand von 30–35 cm und einem Pflanzenabstand von 15–20 cm Anfang Mai gesät.

Rotkraut

Frühe Sorten vom Rotkraut werden im April in einem Reihenabstand von 50 cm und einem Pflanzenabstand von 50 cm gesetzt. Für 10 m^2 benötigt man 40 Pflanzen. Späte Sorten werden Ende Mai bis Ende Juni gesetzt. Vom späten Rotkraut werden für die gleiche Fläche 27 Pflanzen benötigt, die in einem Reihenabstand von 50–60 cm in einem Pflanzenabstand von 60 cm gesetzt werden.

Schalotten

½ kg Samen wird in einem Reihenabstand von 20 cm und einem Pflanzenabstand von 15 cm ab April ins Freiland gesetzt.

Sellerie

Sellerie

62 Pflanzen werden in 40 cm Reihenabstand und 40 cm Pflanzenabstand in der zweiten Hälfte Mai gesetzt.

Spargel

20 Stöcke werden in einem Reihenabstand von 150 cm und einem Pflanzenabstand von 40 cm im April in einem 35 cm tiefen Graben gepflanzt.

Spinat

Früher Spinat wird ab April ins Freiland in einem Reihenabstand von 30 cm gesät. Für 10 m² braucht man 30–50 g Samen. Herbstspinat wird Ende August bis Anfang September in einem Reihenabstand von 30 cm gesät.

Stangenbohnen

70–80 g werden in einem Reihenabstand von 100 cm und einem Pflanzenabstand von 50 cm 6–8 Korn Mitte Mai gesät.

Tomaten

Ab der zweiten Hälfte Mai (nach den Eismännern) werden in einem Pflanzenabstand von 60 cm und einem Reihenabstand von 80 cm 20 Pflanzen gesetzt.

Weißkraut

Für frühes Weißkraut benötigt man 40 Pflanzen, die in einem Reihenabstand von 50 cm und in einem Pflanzenabstand von 50 cm im April ins Freiland gesetzt werden. Vom späten Weißkraut werden 27 Pflanzen in einem Reihenabstand von 50–60 cm und einem Pflanzenabstand von 60–70 cm Ende Mai oder Anfang Juni gepflanzt.

Zuckererbsen

150–250 g Samen werden in 40 cm Reihenabstand und 10 cm Pflanzenabstand je 2 Korn ab April gesteckt.

Zwiebeln

12–15 g Samen auf 10 m^2 werden in einem Reihenabstand von 20 cm so früh wie möglich ins Freiland gesät. Pflanzzwiebeln, 340 Stück, werden in einem Reihenabstand von 20 cm und einem Pflanzenabstand von 15 cm Anfang Mai ins Freiland gesetzt. Winterzwiebeln, 10 g Samen werden von Ende Juli bis Anfang August gesät. Die Pflanzzeit ist Anfang bis Ende September. Der Reihenabstand beträgt 20 cm, der Pflanzenabstand 10 cm.

Kraut

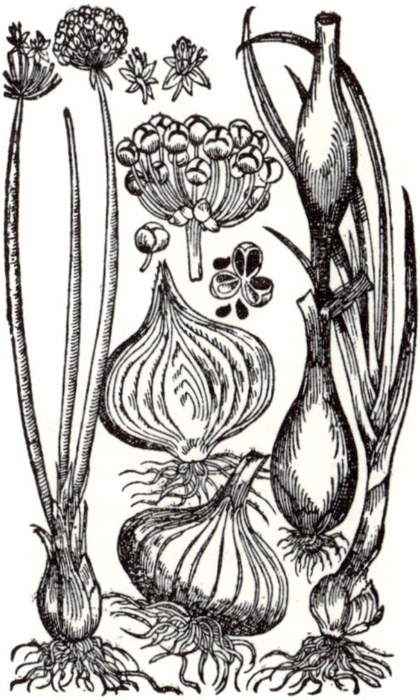

Zwiebeln

Gewürze

Anis

Die einjährige, warmen, bindigen, humosen Boden bevorzugende Pflanze wird Anfang Mai in Reihen von 25×30 cm Abstand gesät. Geerntet werden die reifen Früchte, die hauptsächlich für Brot und andere Gebäcke Verwendung finden. Über die Heilwirkung siehe unter Heilkräuter.

Basilikum

Die einjährige Pflanze wird im April ins Mistbeet gesetzt und ab Ende Mai im Abstand von 20×20 cm in guten humosen Boden gesetzt. Die frostempfindliche Pflanze wird bis zu 50 cm hoch. Gesammelt wird das Kraut, das frisch oder getrocknet ein sehr gutes Gewürz für Salate, Soßen, Suppen, Gurken, Kräuterbutter und Rindfleisch ist.

Beifuß

Der ausdauernde Beifuß stellt keinerlei Ansprüche an den Boden. Die Pflanzweite ist 40×50 cm, und die Vermehrung erfolgt durch Stockteilung. Da die Pflanze bis zu 1,50 m hoch wird, soll man sie so setzen, daß sie nicht die anderen Pflanzen beeinträchtigt. Gesammelt wird, kurz vor dem Aufbrechen der Blütenknospen, das Kraut. Verwendet wird das getrocknete Kraut als Gewürz für Salate, Suppen, besonders aber für Fleischspeisen.

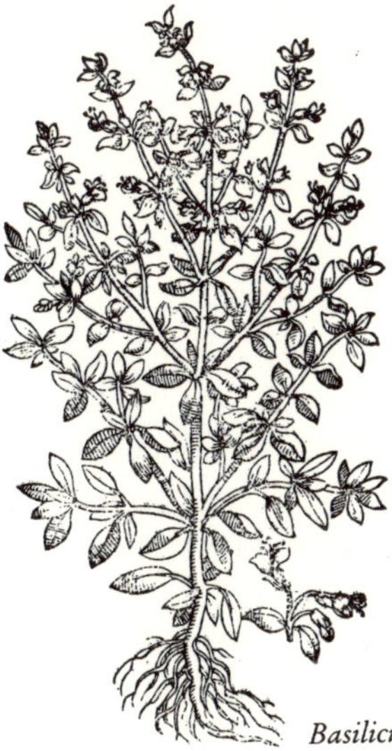

Basilicum

Beifuß

Bohnenkraut

Das einjährige Bohnenkraut mit den bläulich-weißen Blüten wird etwa 30 cm hoch und gedeiht auf jedem Boden. Die Aussaat kann an Ort und Stelle erfolgen. Der Reihenabstand ist 20 cm. Das frische und das getrocknete Bohnenkraut, das während der Blüte geerntet wird, ist zum Würzen von Bohnen, Soßen, Salaten, Suppen, besonders Kartoffelsuppe, und Gulasch sehr geeignet.

Borretsch

Die einjährige Pflanze wird an Ort und Stelle im Frühjahr ausgesät und wächst auf jedem Boden. Der Reihenabstand soll 25 cm betragen. Sie wird bis zu einem halben Meter hoch. Geerntet werden frische Blätter als Gewürz für Salate und Gurken. Getrocknet wird es allein nicht verwendet.

Bohnenkraut

Borretsch

Dill

Die einjährige Pflanze wird im April in einer Reihenentfernung von 25 cm in humosen, etwas lehmigen Boden gesät. Sie wird ungefähr einen Meter hoch. Das frische Kraut eignet sich zum Würzen von Gurken, Salaten, Soßen, Suppen, Gemüse und Rindfleisch. Besonders hervorzuheben ist die Dillsoße. Aber auch das getrocknete Kraut hat die gleiche Verwendungsmöglichkeit.

Estragon

Die stark wuchernde Pflanze, die 60 cm bis 1,5 m hoch wird, kann man durch Teilung vermehren. Da Estragon einen starken Rückschnitt verträgt, ist es auch für Balkonkisten geeignet. Im Garten kann das Kraut 4 bis 5 Jahre am selben Ort stehen. Frisch und getrocknet dient es als Gewürz für Salate, Gurken, Soßen, Rohkost, aber auch zur Herstellung von Estragonessig.

Fenchel

Die zweijährige Pflanze verlangt einen warmen, bindigen Boden in sonniger Lage. Die Vermehrung erfolgt aus Samen; die Aussaat ist im Mai in Reihen mit 40 cm Abstand. Fenchel wird bis zu 1,5 m hoch. Geerntet werden die Früchte, doch kann als Würze auch das Kraut Verwendung finden. Fenchel wird wie Anis, vornehmlich in Gebäck, verwendet.

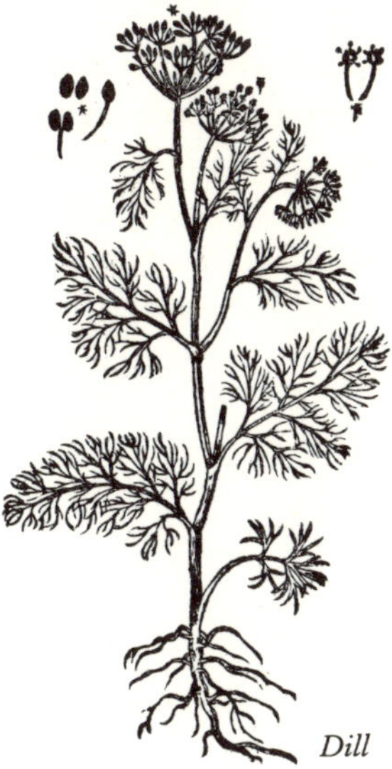
Dill

Estragon

Kerbel

Die einjährige Pflanze wird in einer Reihenweite von 25 cm in humosen Gartenboden gesät. Die Ernte des Krauts erfolgt kurz vor der Blüte und wird nur frisch als Gewürz verwendet; vorwiegend für Kräutersalate.

Knoblauch

Knoblauch verlangt einen tiefgründigen humosen, eher lehmigen Boden. Die Vermehrung erfolgt durch Zehen im April in einem Abstand von 20×20 cm.
Knoblauch ist auch heute noch eines der wenigen bekannten Küchengewürze. Um Salaten einen pikanten Geschmack zu geben, genügt es, wenn man mit einer Knoblauchzehe die Salatschüssel vorher leicht ausreibt. Dadurch kommt es nicht zu einem Überwiegen des Knoblauchgeschmackes.

Koriander

Die Aussaat erfolgt Ende April in einer Reihenweite von 25 cm in eine warme Lage. Verwendet werden als Gewürz die Früchte, vorwiegend in Brot. Sie verleihen dem selbst gebackenen Brot einen aromatischen Geschmack.

Kerbel

Koriander

Kümmel

Die Aussaat der zwei- bis dreijährigen Pflanze erfolgt im Mai bis Juni in einem Reihenabstand von 30 cm. Geerntet werden die im 2. Jahr reifenden Früchte, die nicht nur das Brot würzen, sondern auch als Fleischwürze (Schweinebraten) sehr gut geeignet sind.

Liebstock (Maggikraut)

Die ausdauernde Pflanze liebt einen tiefgründigen humosen lehmigen Boden. Die Vermehrung erfolgt durch Aussaat oder Teilung alter Stöcke. Die Pflanzenweite soll 50 × 50 cm betragen. Der Liebstock wird bis zu 2 m hoch. Verwendet werden das getrocknete Kraut und die Wurzeln als Gewürz für Suppen, Soßen, Gemüse, Kartoffeln, Wild und Wurst.

Petersilie

Die Aussaat erfolgt im April in 20 cm Reihenabstand. Der Boden soll humos, ja sogar etwas lehmig sein. Das Kraut wird frisch und getrocknet als Suppengewürz verwendet, aber auch für Gemüse, Rindfleisch, Schweinefleisch und Soßen. Die Wurzel kann eingelagert werden für den Winter und wird ebenfalls als Würze für Suppen und Rindfleisch verwendet.

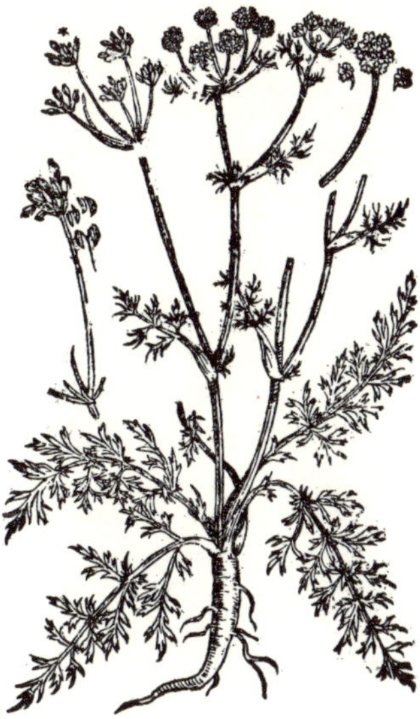

Kümmel

Liebstock

Majoran

Unter Glas kann Majoran bereits im März/April ausgesät werden. Die jungen Pflanzen kommen Ende Mai ins Freiland. Die Pflanzweite soll 20×30 cm betragen. Die Lage soll ein warmer, humoser Boden sein. Gesammelt wird das Kraut. Majoran wird als Gewürz für Gemüse, Suppen, Leber und Wurst verwendet.

Rosmarin

Da Rosmarin nicht winterhart ist, muß er in Töpfen gezogen werden. Gesammelt werden die Blätter. Rosmarinblätter geben Geflügel und Wildfleisch eine spezielle Note.

Salbei

Salbei stammt aus dem Süden und braucht daher einen warmen Platz in humosen Böden. Die Vermehrung kann durch Teilen von kräftigen Pflanzen erreicht werden. Die Pflanzweite soll 30×30 cm sein. Für Geflügel und fettes Fleisch ist Salbei ein außerordentlich gutes Gewürz.

Schnittlauch

Schnittlauch kann ab den Eismännern ins Freie gesetzt werden. Der Pflanzabstand ist 20 cm. Die röhrigen Blätter sollen nicht dauernd kurz geschnitten werden. Um ein gedeihliches Wachstum zu garantieren, sollen genügend Schnittlauchstöcke gepflanzt werden. Schnittlauch wird nur frisch verwendet und ist ein beliebtes Suppengewürz, gibt aber auch Topfen (Quark) einen pikanten Geschmack.

Majoran

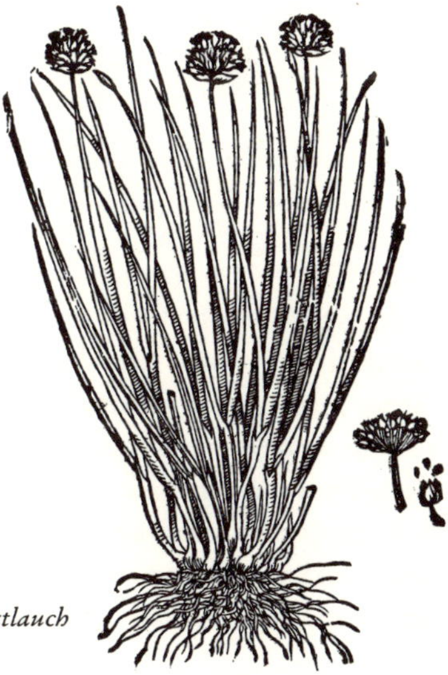

Schnittlauch

Sellerie

Die zweijährige Pflanze liebt humosen, kräftigen Boden. Im Februar oder März wird unter Glas der Samen gesät, und Mitte bis Ende Mai können die jungen Pflanzen ins freie Land verpflanzt werden. 30×30 cm soll der Abstand sein. Die Blätter werden wie die von der Petersilie verwendet. Die Knollen werden frisch und getrocknet für Suppen, Wild, Fleisch und als Salat verwendet.

Thymian

Die ausdauernde Pflanze liebt humosen Boden. Die Vermehrung erfolgt durch Teilung kräftiger Pflanzen. Die Pflanzzeit ist April bis September, die Pflanzweite ist 30×20 cm. Verwendet wird das Kraut in frischem, aber auch getrocknetem Zustand für Salate, Gemüse, Suppen und Innereien.

Wohlgemut oder Origano

Die anspruchslose Pflanze wird bis zu einem Meter hoch. Obwohl Origano mit der Übernahme der italienischen Küche auch bei uns immer häufiger zu finden ist, ist er in unseren Gärten noch nicht heimisch. Die bei uns wildwachsende Form hat dasselbe Aroma, ist jedoch schwächer in der Würzkraft als ihre südliche Schwester. Das Kraut kann frisch und getrocknet verwendet werden und ist das Gewürz für Pizza, Nudelspeisen, Fleisch und Tomatengerichte.

Sellerie

Wohlgemut

Ernte und Aufbewahrung der Gewürze

Gewürzkräuter, die nicht sofort verbraucht werden, sollen nicht bei nassem Wetter geerntet werden. Nach der Ernte kurz mit kaltem Wasser waschen und anschließend zum Trocknen auflegen. Dabei ist zu beachten, daß das Trocknen rasch vor sich geht, um möglichst wenig Aromastoff einzubüßen.

Diese älteste Methode der Haltbarmachung der Gewürze hat auch bei sorgsamster Behandlung den Nachteil der Aromaeinbuße. Es ist daher, wenn man eine Tiefkühltruhe besitzt, mehr zu empfehlen, die Gewürze nach der Ernte gut zu waschen, abtropfen zu lassen und dann einzufrieren.

Eine andere Methode ist das Einsalzen. Die frischen Kräuter werden gut gewaschen und klein geschnitten. Die zerkleinerten Gewürze werden lagenweise mit Kochsalz in Gläser gefüllt. Man benötigt 250 Gramm Kochsalz für 1 Kilo Kräuter. Die eingesalzenen Kräuter können natürlich nur in Speisen mit Salzzusatz verwendet werden.

Kräuter in Essig:

Die frischen Gewürze werden gewaschen und durch den Fleischwolf gedreht. Die zerkleinerte Kräutermasse kommt nun in ein Glas und wird eingedrückt. Guter Weinessig wird darübergegossen, bis er einen Finger breit über den Kräutern steht.

Kräuteressig:

Eine Handvoll Basilikum, Estragon, Thymian werden mit 2 Liter Weinessig in einer Flasche angesetzt. Die verschlossene Flasche wird 4 bis 6 Wochen an die Sonne gestellt. Es ergibt das einen würzig aromatischen Essig für Salate.

Estragonessig:

In 2 Liter Weinessig werden 2 Dekagramm (20 g) gehackte Estragonblätter in einer Flasche angesetzt. Die verkorkte Flasche wird wie beim Kräuteressig 4 bis 6 Wochen an die Sonne gestellt, dann ist der Essig gebrauchsfertig.

Kräuter in Öl:

Die frischen Kräuter werden gewaschen und wie die *Kräuter in Essig* durch den Fleischwolf gedreht. Die Kräutermasse wird nun in Gläser gefüllt und gut eingedrückt. Dann wird so viel Olivenöl zugegeben, daß es über den Kräutern steht. Es ergibt das ein aromatisches Salatöl.

Unsere Großmütter, die die Würzkunst noch beherrschten, sagten, nicht weniger als 3 aber auch nicht mehr als 9

Kräuter sollten auf einmal gemischt werden. Mit den Speisen kochen darf nur das Bohnenkraut, das Liebstöckl und der Koriander, alle anderen Gewürze müssen den fertigen Gerichten zugesetzt werden und dürfen nur mitziehen.

Eine kurze Übersicht über die Würzmöglichkeiten:

Backen: Anis, Fenchel, Koriander, Kümmel

Braten: Basilikum, Beifuß, Bohnenkraut, Estragon, Liebstock, Majoran, Petersilie, Thymian

Fisch: Basilikum, Bohnenkraut, Dill, Liebstock, Rosmarin, Salbei, Sellerie

Geflügel: Basilikum, Beifuß, Bohnenkraut, Rosmarin, Thymian, Majoran

Gemüse: Anis, Basilikum, Bohnenkraut, Majoran, Petersilie, Salbei, Schnittlauch

Käse: Estragon, Kümmel, Salbei, Schnittlauch, Sellerie, Rosmarin

Salate: Basilikum, Bohnenkraut, Borretsch, Dill, Estragon, Petersilie, Schnittlauch, Thymian

Schlachtgewürze: Würste: Thymian, Majoran, Knoblauch; Bratwurst: Majoran, Thymian

Soßen: Basilikum, Bohnenkraut, Liebstock, Majoran

Suppen: Basilikum, Bohnenkraut, Dill, Kerbel, Liebstock, Petersilienwurzel, Sellerie

Wild: Basilikum, Bohnenkraut, Koriander, Liebstock, Majoran, Rosmarin, Thymian

Heilkräuter

Das Sammeln

Heilpflanzen sollen nicht auf kunstgedüngten, frischgedüngten Wiesen oder neben Straßen gesammelt werden. Die Pflanzen nehmen die Abgase auf! Es soll nur an sonnigen Tagen geerntet werden: Blüten am Vormittag, sobald der Tau abgetrocknet ist, ganze Pflanzen und Blätter am späten Vormittag, Früchte, wenn sie sehr reif sind. Wurzeln sollen im Frühjahr oder im Herbst ausgestochen werden. Wer die Pflanzen nicht genau kennt, soll sie besser in der Apotheke kaufen.

Das Trocknen

Getrocknet sollen nur gesunde Pflanzenteile werden. Auf sauberem Papier (keine Zeitung) ausgebreitet, soll das Trocknen im Schatten an einem luftigen Ort und nicht an der Sonne oder in Herd- oder Ofennähe vorgenommen werden. Beeren und andere Früchte müssen bei geringer Wärme (ca. 50°) im Backrohr nachgetrocknet werden. Wurzeln werden nach der Ernte sauber gewaschen, in kleine Stücke geschnitten und an der Sonne getrocknet. Auch bei den Wurzeln ist eine Nachtrocknung bei ca. 50° im Backrohr zu empfehlen.

Das Aufbewahren

Die völlig trockenen Pflanzenteile sollen in gut verschließbaren, geruchfreien Behältern aufbewahrt werden. Wenn die Pflanzenteile noch feucht sind, kommt es zur Schimmelbildung. An den Behälter gehört ein Schild mit dem Namen der Pflanze und dem Sammeljahr.

Die Anwendung

Die gebräuchlichste Anwendung ist der Tee oder der alkoholische Auszug. Meistens wird ½ bis 1 Kaffeelöffel Pflanzenteile pro Tasse Wasser verwendet, bei Kindern entsprechend weniger. Blätter und Blüten werden mit kochendem Wasser übergossen, ziehen lassen.

Früchte und Rinden werden in das kochende Wasser gegeben, kurz aufwallen und 10 Minuten ziehen lassen.

Wurzeln werden in kaltem Wasser zugesetzt, zum Kochen gebracht und 10 Minuten schwach kochen lassen.

Eine *Ausnahme* bildet die *Eibischwurzel,* die nur in kaltem Wasser angesetzt werden darf und ohne Erwärmen einige Stunden quellen muß. Genaue Angaben über die Herstellung eines alkoholischen Auszugs befinden sich bei den einzelnen Pflanzen.

Die Anwendung von Heilkräutern

(Die Ziffern geben die Seite an, auf der das Heilkraut beschrieben ist.)

Appetitlosigkeit: Bibernell 96, Isländisch Moos 107, Meisterwurz 119, Wermut 128
Arterienverkalkung: Knoblauch 113
Asthma: Spitzwegerich 126
Augen: Kamille 110
Blähungen: Anis 90, Fenchel 100
Blasenkatarrh: Bärentraube 92, Hauhechel 102
Blutdruck, hoher: Knoblauch 113, Mistel 120, Weißdorn 130
Bluterguß: Arnika 90
Darminfektion: Kamille 110, Knoblauch 113, Pfefferminze 123, Thymian 128
Darmkatarrh: Himbeere 105, Odermenig 122
Darmkoliken: Fenchel 100, Gänsefingerkraut 101, Kamille 110, Pfefferminze 123
Darmschleimhautentzündung: Kamille 110, Lein 116, Pfefferminze 123
Desinfektion von Wundrändern: Arnika 90
Durchfall: Heidelbeere 104, Himbeere 105
Furunkel: Kamille 110
Gallenbeschwerden: Löwenzahn 118, Pfefferminze 123, Rettich 117, Lavendel 114
Grippe: Schwarzer Hollunder 106, Lindenblüte 109, Heckenrose (Hagebutte) 103
Geschwüre: Schachtelhalm 125
Halsschmerzen: Himbeere 105, Salbei 124, Bibernell 96, Eibisch 99, Huflattich 108, Schwarzer Hollunder 106
Haustee: Lindenblüte 109
Hautausschlag: Brennessel 94, Kamille 110, Käsepappel 112, Schachtelhalm 125

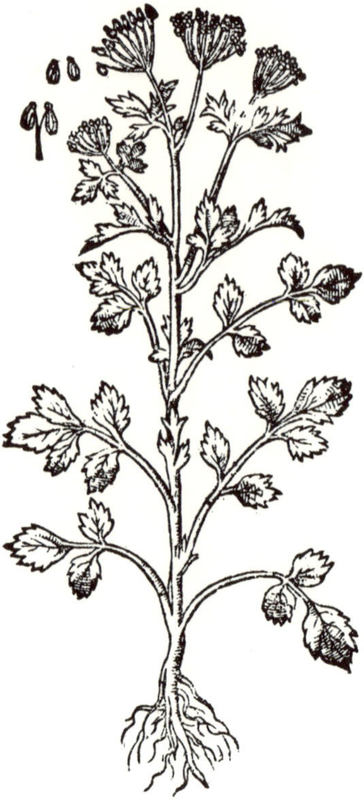

Anis

Anis wird in Gärten gezogen und bevorzugt einen sonnigen Standort. Die Früchte werden nach der Reife gesammelt und getrocknet. Anistee hat eine hervorragende Wirkung bei Blähungen. Stillende Mütter trinken ihn, um mehr Milch zu bekommen.

Arnika

Arnika wächst auf feuchten Almwiesen und bevorzugt nicht kalkhaltigen Boden. Die gelben Blütenköpfe werden

während der Blütezeit gesammelt und in Alkohol angesetzt. 10 Gramm Blüten werden in 100 Gramm starken Schnaps gegeben. Diesen Ansatz läßt man in einem mäßig warmen Platz zwei bis drei Wochen stehen und erhält so die Arnikatinktur. Arnikatinktur wird zur Desinfektion von Wundrändern verwendet und als Umschlag bei Blutergüssen und Verrenkungen. Die Arnikatinktur soll immer zur Hälfte mit Wasser verdünnt werden. Überempfindliche verwenden besser verdünnten Alkohol allein als Umschlagsmittel, da bei Arnika manchmal ein Hautausschlag auftreten kann.

Bärentraube

Im Gebirge kommt als Unterwuchs der immergrüne weitverzweigte Strauch der Bärentraube vor. Die Blüten sind kleine weiße bis rosa Glocken, die Früchte ähneln der Preiselbeere. Sie sind rot und innen mehlig. Die ledrigen glänzenden Blätter werden im Mai bis Juli gesammelt. Bei Blasenkatarrh ist der Bärentraubentee ein beliebtes Volksheilmittel.

Baldrian

Baldrian kommt auch wild auf Wiesen vor, meistens wird er aber im Garten gezogen. Gesammelt wird der Wurzelstock,

wenn er die nötige Größe erreicht hat. Dies ist meistens im Herbst des zweiten Jahres der Fall. Baldriantee ist besonders zu empfehlen bei allen nervösen Erscheinungen bis zur Schlaflosigkeit. Bei Nervosität empfiehlt es sich, während des Tages verteilt, mehrmals kleine Mengen Baldriantee zu sich zu nehmen. Bei Schlaflosigkeit eine halbe Stunde vor dem Schlafengehen eine Tasse Baldriantee trinken. Zur Geschmacksverbesserung können einige Orangenblüten zugegeben werden. Zur Beachtung: Baldriantee soll nicht dauernd getrunken werden, da sonst verschiedene Nebenerscheinungen auftreten können.

Brennessel

Die allgemein bekannte Schuttpflanze ist, solange sie jung ist, ein ausgezeichnetes gesundes Frühjahrsgemüse. Die Blätter, von Juni bis September gesammelt, ergeben, als Tee getrunken, ein Hilfsmittel bei Stoffwechselstörungen und Hautausschlägen.

Berberitze

Der stachelige Strauch, mit den gelben intensiv riechenden Blüten und den roten Beeren ist mehr als nur eine Zierpflanze. In Ländern, wo man Getreide anbaut, ist er äußerst unbeliebt, da er der Zwischenwirt des Getreiderostes ist. Wo man ihn findet, soll man nicht achtlos an ihm vorübergehen,

sondern die Beeren sammeln. Die sauer schmeckenden Beeren enthalten sehr viel Vitamin C. Da Vitamin C hitzeempfindlich ist, muß man das Mus der Berberitze auf kaltem Weg haltbar machen.

Berberitzenmus: Die vollreifen Beeren werden durch die Fleischmaschine gedreht und das erhaltene Mus durch ein Sieb gedrückt, damit Kerne und Häute zurückbleiben. Zu 1000 g Berberitzenmark gibt man 200 g Grießzucker und rührt solange, bis sich der Zucker gelöst hat. Nun werden noch 400 g Bienenhonig eingerührt und zum Schluß 500 g Traubenzucker. Es wird solange gerührt, bis eine marmeladeartige Masse entsteht. Dann wird das Ganze in Gläser gefüllt und diese zugebunden.

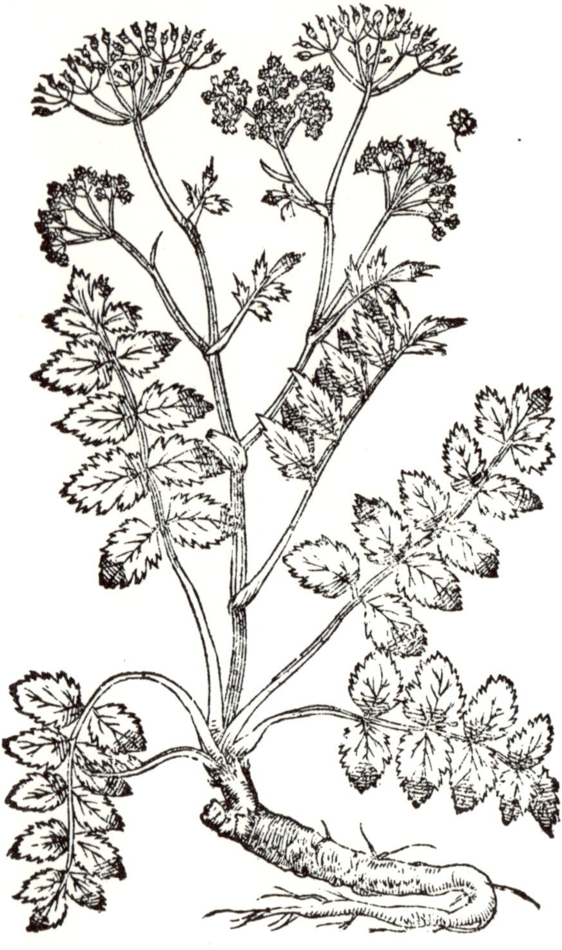

Bibernelle

Auf Magerwiesen und Bachufern wächst die Bibernelle. Die Wurzel wird von März bis April gestochen. Der Tee wird bei Rachenentzündungen zum Gurgeln verwendet, getrunken wirkt er appetitanregend.

Hopfen

Auf vielen Gebüschen findet man an feuchten Orten als Schlingpflanze den Hopfen. Gesammelt werden die sogenannten »Zapfen« im September. Die Wirkung des Hopfentees ist beruhigend, aber auch leicht harntreibend.

Birke

In feuchten Gebieten wächst sehr häufig die weißberindete Birke. Gesammelt werden die Blätter, besonders im Frühjahr. Birkenblättertee hat eine wassertreibende Wirkung. Das in der Volksmedizin übliche Anbohren der Birken und Trinken des Saftes hat keine medizinische Bedeutung mehr, da nachgewiesen werden konnte, daß der Birkensaft nur bis zu 5% Zucker enthält.

Eibisch

In jedem Garten sollte ein Eibischstrauch stehen. Er wächst auf anspruchslosen Böden. Die Wurzeln werden im Frühjahr oder Herbst ausgestochen und die Blätter vor der Blütezeit gesammelt. Sowohl Blätter wie Wurzeln werden bei Rachenkatarrh, Heiserkeit und Husten als Tee verwendet. Die Eibischwurzel wird im Gegensatz zu anderen Wurzeln nur in kaltem Wasser angesetzt und 12 Stunden quellen gelassen. Der Ansatz wird dann abgeseiht, leicht erwärmt und getrunken.

Fenchel

Die Heimat des Fenchel ist der Süden Europas, daher gedeiht er bei uns nur in Gärten mit sonniger Lage. Geerntet wird die reife Frucht. Die Reifezeit ist September bis Oktober. Fencheltee hilft, wie Anistee, hervorragend bei Blähungen, Koliken des Darmbereiches und hat ebenfalls eine Bedeutung als milchtreibendes Mittel für stillende Mütter.

Gänsefingerkraut

An Wegrändern und Wiesen ist dieses Kraut zu finden, dessen Blätter gefiedert sind und das goldgelbe Blüten hat. Gesammelt wird das blühende Kraut zwischen Mai und September. Bei Regelbeschwerden und Darmkoliken hilft der Gänsefingerkrauttee. Bei Regelbeschwerden soll der Tee bereits zwei Tage vor dem Eintreten der Regel bis zu ihrem Ende getrunken werden.

Hauhechel

An steinigen trockenen Plätzen wächst die dornige Pflanze. Die Blüten sind rosarot und stehen einzeln in den Blattachseln. Gesammelt wird die kräftige Wurzel im März und April oder September und Oktober, und das blühende Kraut von Mai bis September. Hauhecheltee wirkt wassertreibend und ist ein gutes Hilfsmittel, um die Wasserausscheidung anzuregen bei Blasenkatarrh und Nierengrieß. Zur Beachtung: Die wassertreibende Wirkung ist nur von kurzer Dauer, daher nach drei Tagen Einnahme drei Tage aussetzen.

Heckenrose (Hagebutte)

An Zäunen und Waldrändern findet man häufig die wilde Form der Rose, die sogenannte Heckenrose. Gesammelt werden allerdings nicht die Blüten, sondern die Früchte, die unter dem Namen Hagebutte allgemein bekannt sind, wenn sie völlig reif sind. Hagebuttentee hilft wegen seines Vitamin C-Gehaltes bei grippösen Erkrankungen. Er ist aber auch wassertreibend und soll bei Neigung zu Nierengrieß und Nierensteinbildung getrunken werden.

Heidelbeere

Gesammelt werden die Früchte, wenn sie reif sind. Sie geben nicht nur ein erfrischendes Kompott, sondern sind getrocknet auch ein hervorragendes Mittel bei Durchfall. Man kann die getrockneten Heidelbeeren einfach langsam kauen. Erwachsenen schmecken sie besser, wenn man sie in einem gewässerten Rotwein erhitzt und diesen Glühwein mit den Beeren ungezuckert trinkt.

Himbeere

An Waldwegen und auf feuchten Böden in Hecken wächst die Himbeere. Man kennt wohl die Früchte und trinkt den verdünnten Saft als Durstlöscher, aber auch die Blätter haben Heilwirkung. Diese werden von Mai bis Juni gesammelt und ergeben einen guten Tee für Heiserkeit, bei Durchfall und Darmkatarrh. Bei Halsschmerzen ist Himbeerblättertee ein gutes Gurgelmittel.

Schwarzer Hollunder

Bei jedem Bauernhaus kann man diesen Baum finden. Verwendung als Heilmittel finden die Blüten und Früchte. Hollunderblütentee hilft als schweißtreibender Tee bei Grippe, bei Rachenentzündungen empfiehlt es sich mit Hollundertee zu inhalieren. Die Früchte sind reich an Vitamin C und haben, als Kompott gekocht, eine leicht abführende Wirkung.

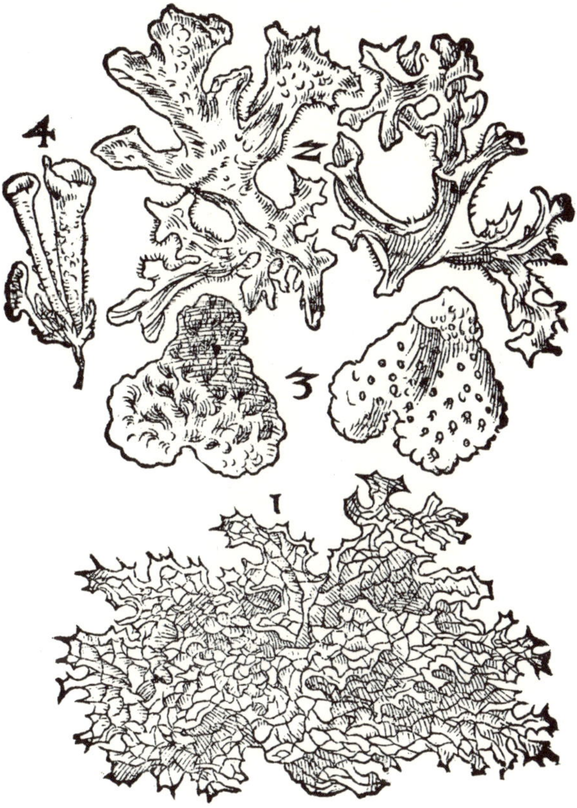

Isländisch Moos

In den Alpen findet man bis zu einer Höhe von 2000 m eine Flechte, die fälschlich als Isländisch Moos bezeichnet wird. Sie wird im Sommer bis zum Wintereinbruch gesammelt. Isländisch-Moos-Tee ist bewährt bei Husten, Heiserkeit und Katarrh. Durch seinen Bitterstoff hilft der Tee auch bei Magenbeschwerden, besonders bei mangelndem Appetit.

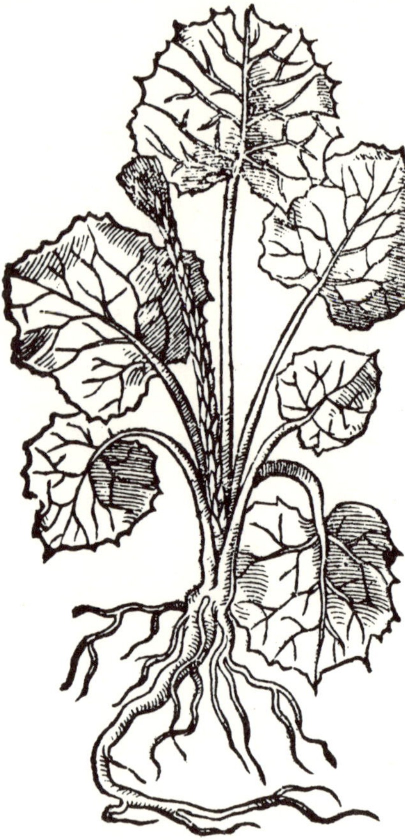

Huflattich

An Wegen und Schuttplätzen wächst diese den Frühling anzeigende Pflanze. Die Blütenschäfte sind wollig mit braunen Schuppen bedeckt. Die Blüte ist leuchtend gelb. Die großen herzförmig behaarten Blätter erscheinen erst, wenn die Blüte zu Ende ist. Gesammelt werden die Blätter von April bis Juni. Zur Beachtung: Die Pestwurz hat ähnliche Blätter. Huflattichtee ist ein bewährtes Hustenmittel, besonders bei Reizhusten, und hilft auch bei Rachenkatarrh.

Lindenblüte

Die in Laubwäldern vorkommende Linde, die früher auch gerne im Dorfmittelpunkt gepflanzt wurde und deren Blüten einen betörenden Geruch ausströmen, ist ein trefflicher Heilschatz. Die Lindenblüte, die im Juni bis Juli gesammelt wird, hat nicht nur einen ausgezeichneten Geschmack, sondern wirkt bei Erkältungskrankheiten als schweißtreibendes Mittel. Wegen des guten Geschmackes kann sie auch als Haustee getrunken werden.

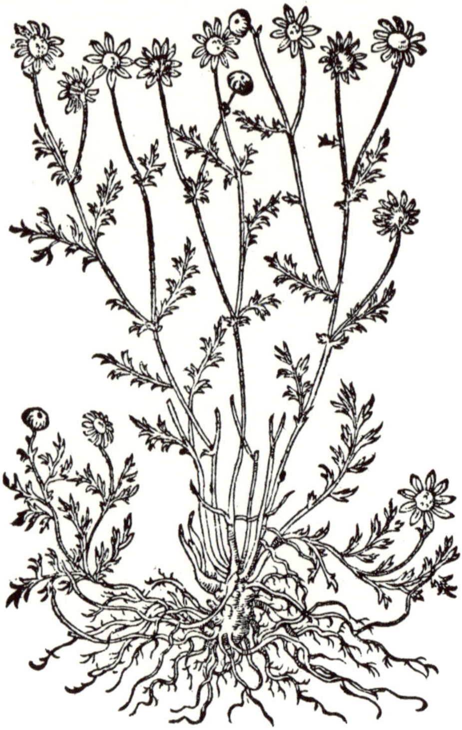

Kamille

Eine der wenigen Heilpflanzen, die man auch heute noch in den Gärten findet, ist die Kamille. Ihr Ruf konnte sich bis heute halten. Verwendet werden die Blütenköpfe, die in voller Blüte gesammelt werden. Kamillentee ist durch seine entzündungshemmende und schmerzlindernde Wirkung sowohl innerlich als auch äußerlich verwendbar. Innerlich bei Magenstörungen, Gastritis, Darmkrämpfen leichter Art. Äußerlich zu Umschlägen bei Furunkeln, Hautausschlägen und entzündeten Augen. Zahnfleischbluten kann durch Spülen mit Kamillentee gemildert werden.

Melisse

In sonnigen Lagen gedeiht bei uns im Garten auch die Melisse, die aus dem Mittelmeerraum stammt und daher die Wärme liebt. Sie kann bis zu 70 cm hoch werden. Gesammelt werden die Blätter von Juni bis August. Melissentee wirkt beruhigend bei nervösen Erscheinungen und hat außerdem eine magenstärkende Wirkung. Die selbe Wirkung hat der Melissengeist.

Melissengeist: Man nimmt geschnittene Melissenblätter, soviel man mit drei Fingern fassen kann, ein kleines Stück Zimtrinde, 5 Gewürznelken, die Schale einer halben ungespritzten Zitrone und setzt alles zusammen in ½ l guten Schnaps an. Verschlossen einige Wochen ziehen lassen.

Käsepappel

Die Käsepappel wächst an Wegrändern, Schutthalden und Zäunen. Gesammelt werden die hellgrünen Blätter und die Blüten. Die Blätter von Juni bis August, die Blüten während der Blütezeit. Käsepappeltee wird für Umschläge oder Waschungen bei Hautausschlägen viel verwendet.

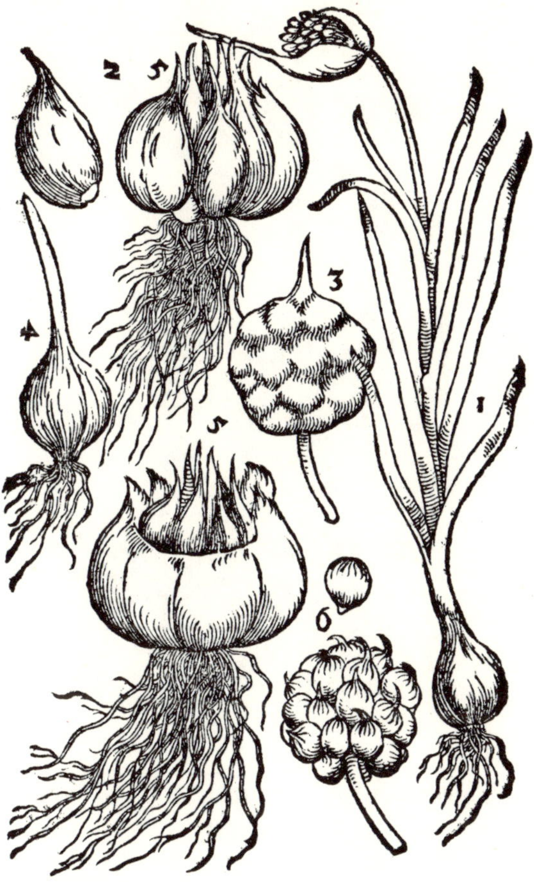

Knoblauch

Knoblauch ist ein beliebtes Gewürz und auch eine treffliche Heilpflanze. Verwendet werden die Knoblauchzehen. Knoblauch hilft bei hohem Blutdruck, Arterienverkalkung, aber durch seine bakteriostatische Wirkung auch bei Darminfektionen.

Königskerze

An Wegrändern, Bahndämmen und unbebauten Plätzen wächst die stattliche Königskerze. Gesammelt werden die Blüten von Juli bis September. Die Trocknung muß außerordentlich schnell und vorsichtig vor sich gehen, so daß die Blüte im trockenen Zustand noch gelb ist. Braune Blüten sind wirkungslos. Königskerzenblütentee soll bei Husten, Verschleimung und Verkühlung getrunken werden.

Lavendel

Der Halbstrauch mit den lanzettlichen Blättern und den blauen Blüten, liebt einen sonnigen Platz. Gesammelt wer-

den die Blüten. Nach neuen Forschungen hat Lavendel eine beruhigende Wirkung bei nervösen Erscheinungen. Außerdem ist eine gallentreibende Wirkung festgestellt worden.

Lavendelspiritus: 1 Teil Lavendelblüten wird mit 3 Teilen Schnaps in einer Flasche gemischt. Die wohlverkorkte Flasche wird an einem warmen Ort, aber nicht in der Sonne, 3 Wochen stehen gelassen. Nach der Filtration (dem Abseihen der Blüten) hat man nach Aussagen von Bauern ein gutes Einreibemittel bei Verstauchungen, Zerrungen und gegen rheumatische Beschwerden.

Lein

Früher zog jeder Bauer seinen Flachs selbst. Heute wird man vergeblich nach einem größeren Leinfeld Ausschau halten. Als Heilmittel finden die Samen Verwendung. Leinsamen enthält sehr viel Schleim und hat daher eine wohltuende Wirkung bei Magen- und Darmentzündungen und ist ein mildes Abführmittel, das auch Schwangere ohne Gefahr einnehmen können. Der Samen kann dazu entweder in kaltem Wasser angesetzt und einige Stunden stehen gelassen werden, oder er wird ganz oder geschrotet mit Apfelmus gegessen.

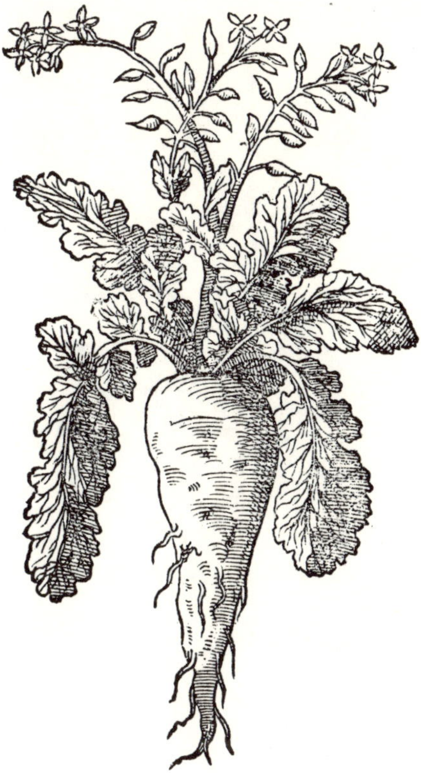

Schwarzer Rettich

Der in Gärten gezogene schwarze Rettich hat auch den Namen »Winterrettich«. Wird dieser Rettich trichterförmig ausgehöhlt und unten ein kleines Loch durchgestoßen, so kann die Höhlung mit Kandiszucker gefüllt werden. Der so gefüllte Rettich wird in ein Glas gestellt, in das der Saft tropfen kann. Der so gewonnene Saft hilft bei Husten und ist besonders bei größeren Kindern zu empfehlen. Winterrettich als Salat gegessen, hat eine gallentreibende Wirkung.

Löwenzahn

Der Löwenzahn, der von Rasenbesitzern nicht sehr geschätzt wird, da er sich sehr stark vermehrt, birgt eine bewährte Heilkraft. Gesammelt werden die Wurzeln im September oder Oktober. Der Tee wirkt bei Gallenleiden und nach Ansicht verschiedener Phytotherapeuten vorbeugend gegen Rheumatismus. Jedes Frühjahr soll man nach ihrer Ansicht eine Kur von zwei bis drei Wochen mit Löwenzahntee machen. Junge Löwenzahnblätter sind ein begehrter Salat.

Löwenzahnhonig: 350 Löwenzahnblüten, 4 geschnittene Zitronen in 2 l kaltem Wasser 2 Tage stehen lassen. Anschließend ½ Stunde kochen. Abseihen und die im Sieb bleibende Masse fest ausdrücken. Den abgeseihten Saft mit 1½ kg Zucker zu Syrup verkochen. Dieser Honig hilft bei Husten.

Meisterwurz

Die auf Gebirgswiesen wachsende Meisterwurz kann bis zu einem Meter hoch werden. Die Wurzel wird im März bis April oder September bis Oktober herausgestochen und getrocknet. Der Tee hat eine appetitanregende Wirkung. Im Zillertal macht man den Meisterwurzenschnaps als magenstärkende Medizin: Die getrockneten, feingehackten Wurzeln mit heißem Wasser übergießen und einige Zeit quellen lassen. Die gequollenen Wurzeln werden in gutem starken Schnaps angesetzt. Wer selbst eine Schnapsbrennerei hat, kann diese Mischung nach drei Wochen dem ersten Brand eines Apfelschnapses zusetzen und erhält nach der zweiten Destillation den aromatischen Meisterwurzenschnaps. Wer das nicht kann, setzt 20–30 g Wurzeln in 1 l guten Schnaps an und läßt 3 Wochen ziehen.

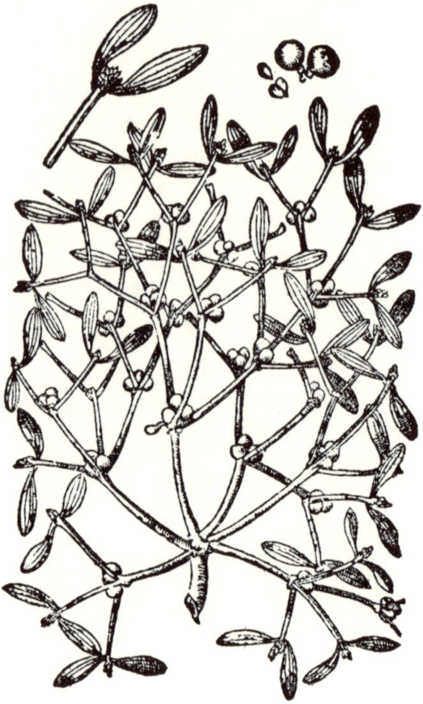

Mistel

Die als Halbschmarotzer auf verschiedenen Laubbäumen wachsende Mistel wird von Oktober bis Februar gesammelt. Misteltee wirkt blutdrucksenkend.

Rosmarin

Der Strauch mit den schmalen lanzettlichen Blättern (vom Volk schon als Nadeln bezeichnet) wächst nur an frostfreien Stellen im Freien. Man hält ihn am besten daher im Topf und vergönnt ihm im Sommer einen schönen sonnigen Platz am Balkon. Innerlich ist Rosmarin nur mehr als Wein in der Volksmedizin gebräuchlich. Nach Pfarrer Kneipp soll eine kleine Handvoll Rosmarinblätter in eine Flasche Weißwein

gegeben werden. Nach einem halben Tag kann der Wein, jeweils 1 Schnapsglas, gegen nervöse Herzbeschwerden getrunken werden. Die Blätter können dann noch einmal in Wein angesetzt werden. Rosmarinwein soll auch wassertreibend wirken.

Rosmarinschnaps: Man gebe 25 Rosmaringipfel in eine ½ Literflasche und einen Eßlöffel voll zerdrückte Kranebittbeeren, füllt die Flasche mit echtem Bauernschnaps und schüttet sie öfters um, verschließt sie gut und läßt sie 24 Stunden an der Sonne stehen. Dann läßt man sie an einem warmen Ort noch 14 Tage stehen und nimmt den Schnaps, wie man ihn braucht. Rosmarinschnaps ist auch ein gutes Einreibemittel bei rheumatischen Beschwerden.

Odermenig

Der an sonnigen Hängen wachsende, bis zu einem Meter hohe Odermenig ist wegen seiner kleinen unscheinbaren gelben Blüten eine ziemlich unbekannte Pflanze. Das blühende Kraut, das von Juni bis August gesammelt wird, ergibt einen Tee für chronische Leberleiden, kann aber auch bei Magen- und Darmkatarrh mit gutem Erfolg getrunken werden.

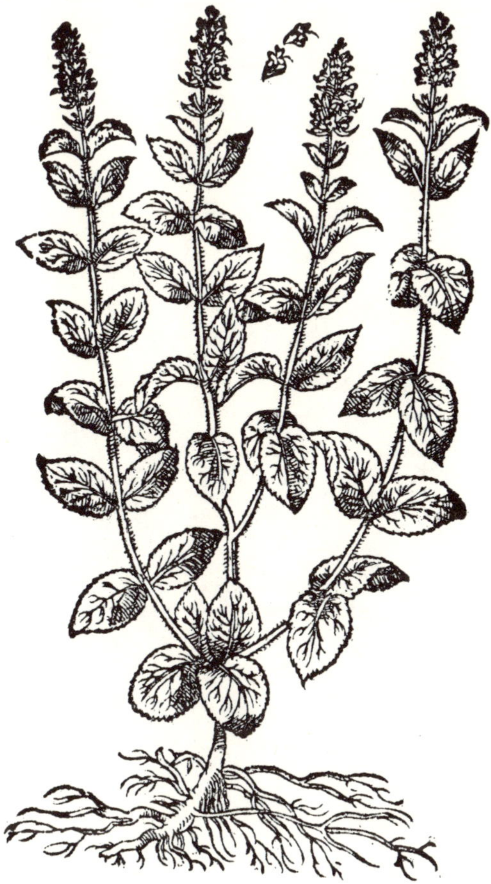

Pfefferminze

Pfefferminze kommt nur in Gärten gezogen vor. Sie braucht ein mildes Klima. Die Blätter werden im Juni gesammelt. Pfefferminzentee hilft durch seine krampflösende Wirkung besonders bei Magen- und Darmstörungen, die mit Koliken verbunden sind. Auch bei Gallenbeschwerden ist er sehr zu empfehlen.

Salbei

Es kommen bei uns verschiedene Salbeiarten vor. Der wirksame Salbei stammt aus Südeuropa und wird in Gärten angebaut. Er braucht auch eine sonnige Lage. Gesammelt werden die Blätter im Mai oder Juni. Salbeitee hilft bei Halsschmerzen als Gurgelmittel. Getrunken hebt er die Schweißabsonderung. Stillende Mütter, die abstillen wollen, können durch das Trinken von Salbeitee einen Rückgang des Milchflusses erreichen.

Schachtelhalm

Auf lehmigen Böden und Waldrändern wächst der Schachtelhalm. Gesammelt werden die grünen Sommertriebe von Juni bis Juli. Zinnkrauttee hilft bei Wasserstauungen im Körper durch seine ausschwemmende Wirkung. Äußerlich können mit dem Tee Geschwüre und entzündete Hautstellen behandelt werden.

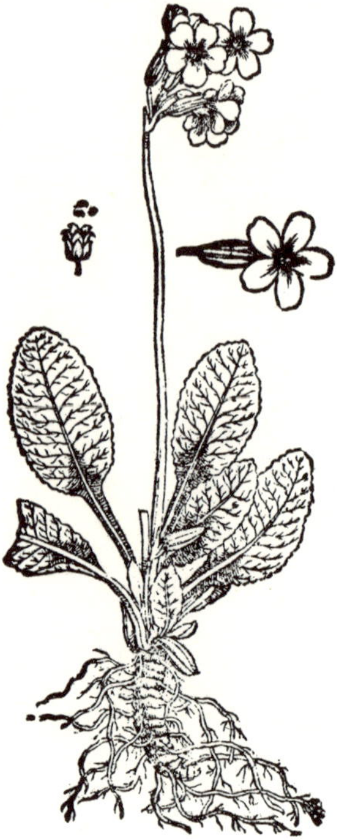

Schlüsselblume

Jeder kennt die im zeitigen Frühling blühende Schlüsselblume. Die Wurzel wird im März bis April gestochen und ergibt einen wirksamen Tee bei Verschleimungshusten.

Spitzwegerich

Der auf allen Feldwegen wachsende Spitzwegerich ist ein beliebtes Heilmittel bei Husten. Gesammelt werden die Blätter, bevor die Pflanze Samen trägt. Spitzwegerichtee hilft bei Husten und bei asthmatischen Beschwerden. Für Kinder bereitet man einen Spitzwegerichsaft. Dazu benötigt man

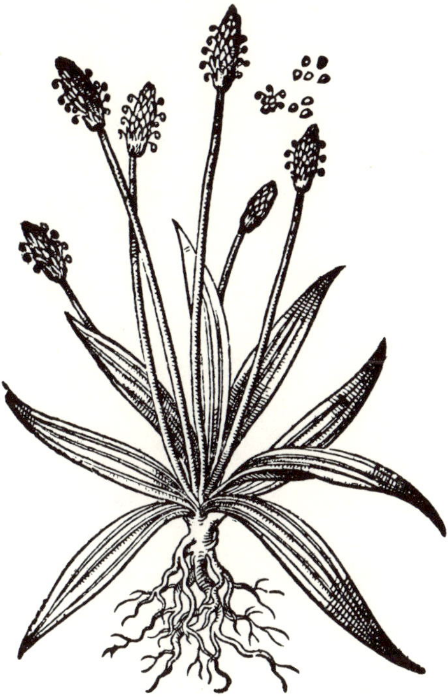

½ kg Saft aus Spitzwegerich-Pflanzen und ½ kg Zucker. Blätter blühender Spitzwegerich-Pflanzen werden an staubfreien, ungedüngten Stellen gesammelt, sauber gewaschen, mit den Stengeln in einen Topf mit so viel Wasser gegeben, daß die Pflanzen bedeckt sind. Nun wird das Ganze gekocht, bis sich die Stengel weich anfühlen und das Wasser dunkelbraun ist. Dieser Saft wird durch ein Tuch geseiht und mit gleichschwer Zucker zu einer sirupähnlichen Flüssigkeit verkocht. Diesen Sirup füllt man in kleine, gut zu verschließende Flaschen und verwendet ihn kaffeelöffelweise bei Husten.

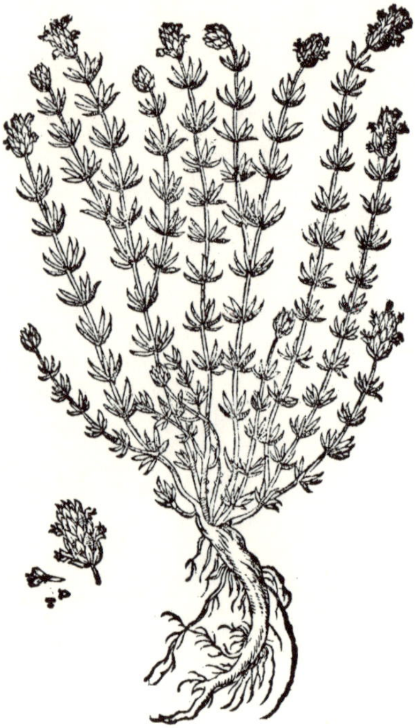

Thymian

Die aus dem Süden stammende Pflanze wächst bei uns nur in Gärten gezogen. Gesammelt werden die Blätter und Blüten im Juni und Juli. Thymiantee hilft bei Husten und hat auch eine desinfizierende Wirkung bei infektiösen Darmerkrankungen.

Wermut

Wermut wird im Garten in sonnigen Lagen gezogen; gesammelt werden die Blütenstände im August. Wermuttee hilft bei Appetitlosigkeit, besonders bei alten Menschen. Zu die-

sem Zweck soll er eine halbe Stunde vor dem Essen getrunken werden. Bei Verdauungsstörungen auf Grund von zu fetten Speisen ist Wermuttee ein bewährtes Heilmittel.
Magenschnaps: In einen Liter guten Schnaps werden einige Blätter des Wermuts gesteckt und dieser Ansatz einige Wochen ziehen gelassen. Gibt man noch 2–3 Blättchen der Weinraute hinzu – die leider aus unseren Gärten fast völlig verschwunden ist, obwohl sie so anspruchslos ist und nur Sonne wünscht –, so wird die Wirkung des Schnapses verbessert und auch das Aroma verfeinert.

Weißdorn

Der Weißdorn ist ein Strauch und wächst an Waldrändern und Lichtungen, wird aber auch gerne als lebender Zaun angepflanzt. Gesammelt werden Blüten und Blätter im Juni. Weißdorntee hilft hervorragend bei leichten Herzbeschwerden, besonders im Alter. Seine besondere Wirkung liegt darin, daß er bei Kreislaufstörungen regulierend eingreift.

Bauernkost

Speckbereitung

Will man Rind- oder Schweinefleisch für längere Zeit aufbewahren, so empfiehlt es sich, es zu räuchern. Das Fleisch muß vorher eingepökelt werden.

Trockenpökeln mit Salpeter: Man mischt 2–3 kg Salz mit 1–1½ dkg (10–15 g) Salpeter und gibt nach Geschmack gehackten Kümmel, gestoßenen Pfeffer, Wacholderbeeren, ringelig geschnittene Zwiebeln und Knoblauch dazu. Der Knoblauch muß mit dem Salz verrieben werden. Diese Menge Pökelsalz reicht für 50 kg Fleisch. Die Fleischstücke werden mit dem Salz gut eingerieben und so eng wie möglich in ein Faß geschichtet. Auf jede Lage Fleisch kommt eine Lage von dem für das Einreiben nicht benötigten Pökelsalz. Auf das Fleisch legt man ein Tuch. Mit einem Brett zugedeckt und beschwert, bleibt das Fleisch 3 bis 4 Wochen im Faß. Das Fleisch wird öfter umgeschichtet und mit der sich bildenden Lake übergossen. Die Pökelung ist fertig, wenn die Farbe des Fleisches gleichmäßig ist. Dann wird das Fleisch zum Abtrocknen aufgehängt und kommt anschließend in die Räucherkammer. Das Räuchern soll möglichst langsam vor sich gehen, das heißt, der Rauch darf nie zu warm sein, und soll mindestens 4 Wochen dauern. Nur so wird der Speck hart.

Trockenpökeln ohne Salpeter: Auf 1 kg Fleisch nimmt man 2,5–2,7 dkg (= 25–27 g) Salzmischung, hergestellt aus 3 kg Salz, 150 gestoßenen Wacholderbeeren, 50 Pfefferkörnern, davon 25 schwarz und 25 weiß (gestoßen), 100 g Koriander (gestoßen), 100 g Knoblauchpulver, 25 g Neugewürz, 3 gestrichene Kaffeelöffel Thymian, 3 gestrichene Kaffeelöffel Majoran, 10 zerkleinerte Lorbeerblätter, 90 g Zwiebelpulver, 80 g Kümmelpulver, ein Eßlöffel Zucker, 2–3 dkg (= 20–30 g) gestoßene Senfkörner. Das Fleisch bleibt 16 bis 17 Tage im Pökelfaß, dicke Fleischstücke bleiben 4 Wochen im Faß. Das Fleisch wird ebenfalls immer wieder umgedreht und mit der sich bildenden Lake übergossen. Das Räuchern erfolgt wie im vorstehenden Absatz beschrieben. *Walter Hensler*

Rübe

Rübenkraut

Rüben werden auf Reiskorngröße gehackt und ohne Saft in ein Faß eingestampft. Lagenweise, etwa alle 10 cm, eine Handvoll Salz dazugeben. Auf die Rübenstücke legt man zu Schluß ein entsprechend großes Tuch, darauf kommt ein Holzdeckel, der mit Steinen beschwert wird. Alle 3 Wochen Tuch wechseln. Das Tuch, die Steine und das Brett werden jedesmal heiß gewaschen. Das Rübenkraut kam täglich gekocht oder direkt aus dem Faß auf den Tisch der Bauern im Unterinntal. Heute wird es nur mehr selten bereitet.

Milchkraut: Das Rübenkraut wird in Wasser gekocht. Das Kochwasser wird abgeschüttet und dafür Milch zugegeben. Nach kurzem Kochen wird das Ganze in eine Schüssel geleert, und um Nährwert und Geschmack zu verbessern, kommt noch geschnittenes, gekochtes Selchfleisch dazu. Nachdem alles gut durchgemischt ist, wird die Mischung mit einer Einbrenn aus Roggenmehl und Butter übergossen.

Sauerkraut

Feste Weißkrautköpfe läßt man mehrere Tage abliegen, bevor sie mit dem Krauthobel fein geschnitten werden, die äußeren Blätter und der Strunk werden nicht verwendet. Ein Holzfaß oder ein anderes geeignetes Gefäß wird sauber ausgewaschen und das Kraut lagenweise eingeschichtet. Zwischen die einzelnen Lagen kommt Salz (auf 25 Krautköpfe etwa 1 kg Salz), Kümmel, Wacholderbeeren, einige Scheiben Kren (Meerrettich). Ist das Faß voll, wird das Kraut so fest wie möglich eingedrückt, das entstandene Krautwasser soll darüberstehen. Ist das nicht der Fall, muß noch etwas Salz dazugegeben werden. Das Kraut wird nun mit einem Tuch zugedeckt, darauf kommt ein passendes Brett, das mit einem Stein beschwert wird, damit das Kraut unter Wasser bleibt. Nach etwa 4 Wochen ist das Kraut sauer und schaumig, man schöpft das Wasser ab und wäscht Tuch und Brett sauber ab. Nach jeder Krautentnahme ist sorgfältig darauf zu achten, daß das Tuch und das Brett sauber gespült werden. Wird nicht so häufig Kraut gebraucht, muß mindestens jede Woche das Tuch gereinigt werden.

Hilde Scheiring

Kartoffelschmarren

Gekochte Kartoffeln, erkaltet oder vom Vortag, werden geschält und gerieben, leicht mit Mehl überstäubt und gesalzen. Das Ganze wird locker durch die Finger gesiebt. Butterschmalz oder Margarine wird in der Pfanne zerlassen, der vorbereitete Schmarren hineingetan und goldbraun gebakken. Dann wird, wenn nötig oder erwünscht, noch einmal Fett dazugetan und der Schmarren mit dem Backschäufelchen zerstoßen und vom Feuer genommen, ehe er sich bräunt. Dazu kann saure oder frische Milch oder Kompott gegessen werden. *Paul Friedl*

Schwarz-plentene Knödel

Eine Tasse geschnittenes Brot wird mit Zwiebeln, Petersilie und etwas Fett abgeröstet, 30 dkg (= 300 g) fetten Speck kurz mitumrühren, eine zerdrückte Knoblauchzehe dazumischen und 3 Tassen Buchweizenmehl. Das Ganze wird mit heißem Wasser und etwas Salz zu einem nicht zu feuchten Teig angemacht und vorsichtig in leicht kochendem Wasser 10–15 Minuten gekocht. Schmecken sehr gut zu Rettichsalat oder als Beilage zu Schweinsbraten mit Kraut. *Elisabeth Scherlin, Erl*

Preßknödel mit Räucherwurst und Käse

Auf ca. ¼ kg Knödelbrot nimmt man 10–15 dkg (= 100–150 g) geräucherte Wurst und ebensoviel Käse (Graukäse, Tilsiter oder ähnlichen). Man röstet in etwas Fett eine kleingehackte Zwiebel, viel kleingeschnittene Petersilie und die kleinwürfelig geschnittene Wurst, gibt alles zum Knödelbrot, salzt nach Geschmack, fügt 1–2 Eier und 1–2 Löffel Mehl dazu und macht daraus einen nicht zu feuchten Knödelteig mit etwas warmen Wasser oder Milch. Nun werden die Knödel flach gedrückt und in etwas Fett auf beiden Seiten leicht angebraten. Die Knödel brauchen nicht mehr zu kochen, sie werden nur in die noch kochende Suppe, entweder klare, Brennsuppe oder Erbswurstsuppe gelegt und mit viel Schnittlauch serviert.

Brandenberger Kaseromeletten

Für zwei Personen; für die »Bladl« einen weichen Musteig bereiten aus etwa 20 dkg (= 200 g) Weizenmehl, fast ¼ l Wasser oder Milch und einer Prise Salz. In einer Eisenpfanne daraus ganz dünne Blätter wie für Omeletten in etwas heißer Butter beidseitig braten. Für das »G'schöpp«, die Fülle, werden 20 dkg (= 200 g) gekochte und fein zerdrückte Kartoffeln, 1 bis 2 Eßlöffel Graukäse, 2 bis 3 Eßlöffel Wasser oder Milch, 10 dkg (= 100 g) Butter, eine kleine feingehackte Zwiebel, etwas Paprika und eine Prise Salz miteinander zu einem Brei vermengt und in einer Eisenpfanne mit Butter abgeröstet. Auf jedes »Bladl« einen gehäuften Eßlöffel »G'schöpp« geben, ausstreichen, das Ganze zusammenrollen.

»Eascht-öpfl-tampf« (Dicker Kartoffelbrei)

Für 4 Personen werden etwa ¾ kg rohe Kartoffeln geschält und blättrig geschnitten. In eine Eisenpfanne gibt man 15 dkg (= 150 g) Butter, eine grobgehackte Zwiebel und einen Eßlöffel Mehl. Nachdem Zwiebel und Mehl geröstet sind, kommen die Kartoffelscheiben und etwa 20 dkg (= 200 g) kleingeschnittenes Selchfleisch dazu. Unter ständigem Umrühren wird alles abgeröstet, bis die Kartoffeln hellbraun werden. Dann gießt man etwa ¾ l Wasser auf und läßt 15 bis 20 Minuten kochen. Darauf werden die Kartoffeln in der Pfanne zu Brei zerdrückt und in einer großen Schüssel mit Zwiebelschmalz serviert. Dazu gibt es Buttermilch.

Roggen-Hausbrot

Ein kg Roggenmehl wird leicht erwärmt und mit 25 g Germ (Hefe) und ⅛ l lauwarmen Wasser in der Mitte des Mehls ein Dampfl angerührt. Zudecken und über Nacht stehen lassen. Am nächsten Tag wird mit wenig lauwarmen Wasser, 1 Eßlöffel Salz und den Gewürzen Anis, Fenchel, Kümmel und Koriander ein fester Teig angemacht und gut durchgeknetet, bis er sich von den Händen löst und Blasen macht. Der Teig muß nun zugedeckt ½–1 Stunde an einem warmen Ort rasten. Nun wird er noch einmal geknetet und zu einem Laib geformt. In einer bemehlten Schüssel läßt man ihn wieder gehen, bis der Teig locker geworden ist. Jetzt wird der Laib herausgestürzt, mit kaltem Wasser bestrichen und im Rohr 1–5/4 Stunde langsam gebacken. Nach dem Backen nochmals mit Wasser bestreichen. *Erna Kurz*

Graukäsbereitung

In einer weiten Schüssel bleibt Vollmilch, die man von einem Bauern bezogen hat (pasteurisierte Milch eignet sich nicht) stehen, bis sie dick gestockt ist. Der Topfen, wird von der Molke abgeseiht, in ein Tuch gegeben und ausgepreßt. Nun wird der trockene Topfen mit Salz und Pfefferpulver gut durchgeknetet und in ein hölzernes Gefäß mit Löchern auf dem Boden und an den Seitenwänden gefüllt. Obenauf kommt ein Deckel, der etwas kleiner als der Durchmesser des Gefäßes ist. Der Deckel wird mit Steinen oder einem Gewicht beschwert. Wenn keine Flüssigkeit mehr heraussikkert, wird der Käse aus der Form genommen und zur Reifung aufgestellt. Wer solche Geräte nicht besitzt, kann auch nach dem Durchkneten mit Pfeffer und Salz kleine Kugeln formen und den Käse zur Reifung aufstellen. Gegen Fliegenbefall empfiehlt es sich, die Käsekugel außen mit reichlich Pfeffer zu bestreuen. *Anna Kostenzer*

Obstessig

Dazu kann Fallobst oder Apfel- oder Birnenschalen, ungespritzt, und deren Kerngehäuse verwendet werden. Das Obst wird aufgeschnitten, in ein Gefäß gefüllt und mit heißem Wasser bedeckt. Nun stellt man das Gefäß für 10 bis 14 Tage an einen warmen Ort. Man kann auch Weinreste dazuschütten. Nach dieser Zeit wird das säuerliche Wasser durch ein Tuch geseiht und in einem großen Gefäß (Flasche) leicht bedeckt, wieder stehen gelassen, auf 5 l Obstwasser gibt man nun 1/8 l heißen Weinessig dazu. Nach etwa zwei bis drei Wochen ist der Essig fertig und kann in Flaschen abgefüllt und aufgehoben werden.

Oberösterreichische Plunzen

Das ausgefangene Blut vom Schwein wird gerührt, um das Stocken zu vermeiden, und dann durch ein gröberes Sieb gegossen. Zutaten: Die gekochte und faschierte Goder (Hals vom Schwein), gekochter Reis, etwas würfelig geschnittenes Weißbrot, wenig kleinwürfelig geschnittenes rohes Schweinefett. An Gewürzen: Salz, Pfeffer, feingewiegte Zwiebel und Knoblauch, Majoran, etwas Koriander. Alles gut im Blut vermischen, es muß leicht dicklich sein. Die Gedärme werden gewässert, auf einem Kochlöffelstiel gewendet und mit Salz gut abgerieben und immer wieder gewässert, bis alles ganz sauber ist. Dann die Därme auf etwa 30 cm Länge abschneiden, auf die richtige Außenseite wenden und füllen, nicht zu prall. Dann werden die Würste überbrüht, anschließend in kaltem Wasser abgekühlt und dann kühlgelagert. Besonders delikat schmecken diese Blutwürste im Rohr gebraten mit etwas Schweineschmalz, öfters mit wenig Wasser übergießen bis die Blutwurst knusprig ist. *Helene Scheiring*

Fleischsulze

Eine Schweinshaxe, ein Kalbsfuß, 1/4 kg Schweinsschulter, 1/4 kg Schweinsschwarte, 1/2 Zwiebel, Sellerie, Thymian, Lorbeerblatt, 5 Pfefferkörner in 2 l Wasser langsam kochen, bis das Fleisch sich von den Knochen löst, nun kommt Salz und 1/8 l Essig dazu. Noch weitere 10 Minuten kochen. Die Suppe durch ein Sieb seihen. Die Fleischstücke werden in Streifen geschnitten, nach Geschmack können auch gekochte Karotten und grüne Erbsen dazugegeben werden. Fleisch und Gemüse werden in einer kalt ausgespülten Form oder Schüssel angerichtet, die Suppe noch einmal erhitzt und darüber gegossen. Nach dem Erkalten das oben abgesetzte Fett abnehmen. Vor dem Anrichten stürzen und nach Belieben mit Essig und Öl und Zwiebelringen servieren.

Gepökeltes Schweinefleisch

1 kg Schweinsschlegel wird ausgelöst, das Fleisch trocken leicht erwärmt und mit folgendem Gewürzgemisch fest eingerieben: 50 g Salz, 10 g Zucker, etwas Pfeffer, Knoblauch, zerdrückte Wacholderbeeren, kleingeschnittenen Zwiebeln, Thymian. Ein Salbei- und ein Lorbeerblatt werden auf das Fleisch gelegt, das dann mit einem Tuch umwickelt wird. Das so vorbehandelte Fleisch kommt in ein Gefäß und wird mit einem Brett und Stein beschwert, an einem kühlen Ort 2 bis 3 Tage aufgehoben. Nach dem Weichkochen wird das Fleisch, noch heiß, für eine Minute in kaltes Wasser gelegt, man läßt es noch einmal einen Tag stehen und kann es dann als kalten Aufschnitt verwenden. *Anna Kostenzer*

Ribiselwein

Für 2 kg Ribisel (Johannisbeeren) nimmt man 1¼ kg Zucker und 5 l Wasser. Die zerdrückten Beeren samt Stielen bleiben in einem großen Gefäß mit Wasser 24 Stunden stehen. Hernach preßt man den Saft durch ein Tuch, gibt den Zucker dazu und hebt die Flüssigkeit in einem geschlossenen Gefäß auf. Auf die Treber wird nochmals 1 l Wasser gegossen, das man 24 Stunden stehen läßt. Dann wird der Saft ausgedrückt und zu dem ersten dazugegeben. Nun wird die Flüssigkeit in eine wesentlich größere Flasche gefüllt und mit einem Gärrohr verschlossen. 4 Wochen in einem warmen Raum gären lassen. Zur leichteren Gärung kann etwas Weinhefe, die man in jeder Drogerie erhält, beigegeben werden. Nach 4 Wochen Flüssigkeit abziehen, Flasche gut auswaschen, wieder hineingeben und abermals mit dem Gärrohr verschließen. Nach weiteren 4 Wochen Nachgärung wird der Wein in Flaschen abgezogen und kühl gelagert. *Anna Kostenzer*

Hollerwein

8 Hollerblütendolden, 2 in Scheiben geschnittene, ungespritzte Zitronen, 8 l Wasser, ½ kg Zucker, 10 g Germ (Hefe). Man gibt die Hollerblütendolden mit den Zutaten in ein großes Gefäß und läßt es zugedeckt 8 bis 10 Tage stehen. Hernach wird der Saft geseiht, abgefüllt und gut verschlossen (Patentverschluß). Der Saft schäumt beim Gebrauch und ist sehr erfrischend. *Anna Kostenzer*

Reh-, Hirsch- oder Gamsbraten

Das Fleisch in eine Serviette, die mit Essig getränkt wurde, wickeln und 24 Stunden stehen lassen. Am nächsten Tag das Fleisch sauber abhäuten und mit Speck spicken. 1 große Zwiebel, 1 Karotte, ½ Sellerieknolle würflig schneiden, 1 Lorbeerblatt, 5 Wacholderbeeren, 5 Pfefferkörner, 1 Knoblauchzehe, 1 große Messerspitze Majoran und ein paar Kümmelkörner in Fett oder Öl anbraten. Das gesalzene Fleisch hineinlegen und ins Rohr geben. Oft umdrehen, ganz wenig angießen. Nach zwei Stunden ⅛ l Weißwein mit ¼ l Rindssuppe mischen und aufgießen. Wenn das Fleisch dem Gabeldruck nachgibt, ⅛ l Rahm mit einem Kaffeelöffel Mehl verrühren und dazugeben. Das Fleisch in Scheiben schneiden und mit der passierten Soße übergießen. *Ilse Sappl*

Rellkoch

Rellmehl ist Hafermehl, an dessen Stelle auch Maismehl verwandt werden kann; dann heißt das Gericht Türkenkoch oder Maismus. Für vier Personen einen Löffel Butter in einer Kupferkanne zerlassen. Darauf eine Tasse Wasser (knapp ¼ l) und danach 1¼ l kalte Milch, in die ¼ kg Rellmehl eingerührt sind und eine Prise Salz. Unter ständigem Umrühren auf kleinem Feuer ganz langsam kochen lassen. Kochzeit mindestens eine Stunde. 2 Eßlöffel Butter in das gar gekochte Rellkoch stecken.

Strauben

Leichten Teig aus ½ kg Weizenmehl, 2 Eiern, ¼ l warmer Milch, 1 dkg (= 10 g) Germ, Salz, eventuell ein Schuß Rum. Verkneten, der Teig soll etwas fester sein als für Omeletten. Gut eine Viertelstunde gehen lassen. Durch den Straubenlöffel spiralig auf das heiße Schmalz fließen lassen.

Prügelsuppe (Schnapssuppe)

In einer kleinen Eisenpfanne läßt man 6 dkg (= 60 g) Butter ein wenig heiß werden, bis der »Rätsel« (Schaum) braun wird, dann gibt man eine halbe Tasse Wasser kalt hinein und einen Eßlöffel Honig und läßt es einmal aufkochen, dann gibt man noch ein »Budele« (Schnapsglas) echten Schnaps hinein, nimmt es sofort vom Feuer und ißt es so warm, wie man es verträgt. Ist ein sehr gutes Mittel, um Krankheiten zu verhüten und Verkühlungen. *Cäcilia Mayr*

Wildschönauer Fastensuppe

In einen flachen Teller gibt man pro Person 2 Löffel Mehl, rührt mit einer Gabel tropfenweise kaltes Wasser dazu, bis ein trocken-krümeliger Teig entsteht. Er darf ein wenig mehlig, aber nicht patzig sein. Dann rührt man den Teig in etwa ½ l kochendes Wasser ein, salzt und läßt einmal aufkochen. Man gibt in eine Schüssel je nach Geschmack einen Löffel geschnittenen oder geriebenen alten Käse, auch Zieger oder Graukäse eignet sich, und schüttet die Suppe dazu. Von einem Stück Butter und einem Löffel Mehl wird eine braune Einbrenn gemacht und darunter gerührt. Die fertige Suppe mit viel Schnittlauch bestreuen. *Cäcilia Mayr*

Tiroler Zelten

Zutaten: ½ kg gedörrte Birnen, ½ kg Feigen, ¼ kg Haselnüsse, ¼ kg Nüsse, ¼ kg Zibeben (große Rosinen), ⅛ kg Arancini, 1 Eßlöffel voll Anis, Kümmel und Koriander, 1 Kaffeelöffel Zimt und Nelken, ⅛ l Schnaps. Brotteig: 1 kg Roggenmehl, ¼ l Wasser, 20 g Hefe, ½ Eßlöffel Salz.

Bereitung: Die gedörrten Birnen werden weichgekocht und geschnitten. Die gewaschenen Feigen werden blättrig geschnitten. Rosinen und Zibeben gut waschen und trocknen. Nun alles zusammen gut untermischen und am Schluß mit dem Schnaps übergießen. In einer Schüssel über Nacht gut zugedeckt stehen lassen. Am nächsten Tag wird ein Germteig angemacht. Man läßt ihn eine halbe Stunde rasten und knetet anschließend einen Teil des Teigs unter die Fruchtmasse. Aus dem Rest des Teigs werden große Teigblätter gewalkt. Die Fülle aus Früchten und Teig wird in Wecken oder Laibform auf das Teigblatt gegeben und dieses auf der Oberseite knapp überschlagen. Die Enden der Teighülle müssen gut zusammengedrückt werden. Die Brote mit der Naht nach unten auf ein Brett legen und 2 Stunden gehen lassen. Vor dem Backen werden die Brote mit einer Gabel angestochen, damit die Luft entweichen kann. Die Oberfläche wird unmittelbar vor dem Backen mit Milch bestrichen. Langsam backen.

Anna Kostenzer

Senf

Man nimmt 125 g gelbes und 125 g braunes Senfmehl und gibt es zusammen in einen Topf. 250 g Zucker werden in ¼ l Weinessig aufgekocht und siedend auf das Gemisch gegossen. Man rührt gut durch und läßt das Ganze über Nacht an einem warmen Ort stehen. Am nächsten Tag kocht man ¼ l Wein auf und gibt ihn siedend dazu. Man rührt um, und der Senf kann nun in Töpfe gefüllt und mit Zellophan verschlossen werden.

Gelber Senf

Jahrhundertealtes Rezept der Familie Partenhauser, Gasthof Stockhammer, Rosenheim: 3 Pfund Senfmehl gelb, 1 Pfund Senfmehl grün, 4 Pfund Farinzucker, ca. 8 Liter Wasser und 1½ Liter Essig mit 2 glühenden Schürhaken durchrühren.

Samerberger Bohnenknödel und Bohnensuppe

1 Pfund braune Bohnen mit Lorbeerblatt, Nelke und Zwiebel kochen. In der Zwischenzeit aus etwa 8 bis 10 Semmeln Knödelteig herstellen mit Milch, Eiern, Salz und etwas Fett. Die Hälfte der gekochten Bohnen unter den Knödelteig mischen. Die Knödel in Salzwasser etwa 15 bis 20 Minuten leise kochen.
Aus der anderen Hälfte der gekochten Bohnen eine Suppe bereiten: Braune Einbrenne aus Fett, Mehl, Flüssigkeit, Essig und Salz. In dieser Suppe werden die Knödel serviert.

Quellen

Die Wettersprüche wurden mit denen in alten Kalendern im Tiroler Landesmuseum Ferdinandeum, Innsbruck, abgeglichen ⁘ Die Speiserezepte aus Niederbayern wurden mit freundlicher Genehmigung von Autor und Verlag dem Buch »Paul Friedl, Die niederbayerische Kuchl, Verlag Morsak, Grafenau« entnommen.
Anonym: Das Wichtigste in Kürze über heimische Gewürze, Samen-Floßmann, Innsbruck ⁘ Atzl, Albert: Die alte Brandenberger Bauernkost, Veröffentlichungen des Tiroler Landesmuseums Ferdinandeum, Band 54, S. 57–101 ⁘ Eberhöfer, Christian: Bauernwetterregeln und Hundertjähriger Kalender, Reimmichels Volkskalender 1974, S. 63 ⁘ Haider, Friedrich: Mond und Tierkreiszeichen im Volksglauben, Tiroler Bauernkalender 1959, S. 144 ⁘ Kostenzer, Otto: Gesundheitsfördernde Gewürzkräuter für den Garten, Kurzlehrbrief der Landwirtschaft Nr. 48 ⁘ Kostenzer, Otto: Kräuter helfen heilen, Sonderheft Nr. 4 der Fernschule der Landwirtschaft ⁘ Kostenzer, Otto: Volkskundliches aus dem Unterinntal, Tiroler Heimatblätter 1967, Heft 7/9, S. 80 ff ⁘ Mang, Hans: Die volkstümliche Zeitbestimmung in unseren Tälern, St. Kassianskalender, Brixen, 1947, S.2711 ⁘ Mayr, Hans: Nachsinnig und Widersinnig, Wörgler Rundschau, 1974 ⁘ Thun, Maria, und Heinze, Hans: Anbauversuche über Zusammenhänge zwischen Mondstellungen im Tierkreis und Kulturpflanzen mit statistischer Prüfung der Ergebnisse, Forschungsring für biologisch-dynamische Wirtschaftsweise, Darmstadt, 2 Bd. ⁘ Willi, Josef: Saat- und Standraumverhältnisse der wichtigsten Gemüsearten, Kurzlehrbrief der Landwirtschaft Nr. 16 ⁘ Pflanzendarstellungen aus: Camerius, Joachim, Kreutterbuch, Frankfurt 1600 ⁘ Heiligendarstellungen: Bauernkalender 1854, Innsbruck.

Wir danken den vielen Unbekannten recht herzlich, die uns in Gesprächen, oft unbewußt, wichtige Hinweise gaben, besonders aber auch Herrn Prof. Albert Atzl, Innsbruck, Herrn Herbert Braunögger, Piburg, Familie Hausberger, Alpbach, Herrn Hofrat Dipl. Ing. Walter Hensler, Sistrans, Herrn Josef Klingler, Oberau, Frau Anna Kostenzer, Brixlegg, Frau Erna Kurz, Erlerberg, Frau Cäcilia Mayr, Niederau, Herrn Hans Mayr, Oberau, Familie Partenhauser, Rosenheim, Frau Gertrud Ramusch, Innsbruck, Frau Helene Scheiring, Fiecht, Frau Hilde Scheiring, Umhausen, Frau Ilse Sappl, Kundl, Herrn Ing. Josef Willi, Innsbruck, Familie Silberberger, Wörgl, und Frau Elisabeth Scherlin, Erl.

Teil II

Waschechte Weisheiten

Bairisch-bäurische
Sprichwörter und Redensarten
– 700 Stück –
gesammelt von
Walter Schmidkunz
und bebildert von
Paul Neu

Wo ma was find't . . .

Hergotts Welt
und
Hergotts Winkel

Es muaß scho was sein, was den Himmel hält,
daß er net abafällt.

Der alt Herrgott lebt allwei no
– und der jung schaugt aa auf uns.

Unser Herr laßt si' net in d' Karten schaugn;
er mischt und gibt, wias ihm paßt.

Die Welt is a Honighaferl.
Wer's mehrste außerschleckt, ist der Gscheitere.

(mehrste = das meiste.)

Lob die Berg und zieh ins Tal!

Schafft Gott a Hasl, schafft er auch a Grasl.

(Auch beliebter Pfarrerspruch an Brautleute.)

Der Alltag macht 's Jahr!

Je höher der Berg, je tiefer 's Tal.

Berg und Tal kommen net zsamm,
aber die Leut.

Bauersleut und Rittersleut –
ohne Roß kemmas net weit.

Den Bauern gnua Mist – den Herren gnua Geld.
Bua, dös wäar a Lebn auf derer Welt!

Selber gtan, selber habn –
selber aufglegt, selber tragn.

Geld ham ma wia Heu,
nur no net gmaht.

Wenn ma alle Weg wissat,
gang ma net in der Irr.

Auf der redlichen Hand
geht ma leichter durch Land
als auf gschwinde Füaß.

A braver Mensch kimmt nit um
und d' Lumpen gehn aa nit aus!

Treu bleibn
bis in d' Todesstund –
wenn nichts
dazwischen kummt.

D' Welt ist koa
Hennasteign –
Buama gibts gnua!

A Weib und a Roß,
a Madl und
a Gwehr –
leiht ma net her.

Die Eh' is
a Sakrament –
aber aa
a Sakramentsgschicht!

A haberns Roß und
a gschmalzener Mann,
die zwoa, die reißt
koa Teufl net zsamm.

(habern – gschmalzen = gut mit Hafer, mit Schmalz gefüttert.)

A Hand voll Glück
ist noch besser als
a Buttn voll Verstand.

(Buttn = Bütte, Traggefäß.)

Wer 's Glück hat,
dem kälbert glei gar
der Melkstuhl . . . !

Die kloan Häusln
ham aa Türn.

Unser Herrgott
verläßt koan Deutschen:
Hungerts ihn net,
so dürschts 'n wenigstens.

In oam Tag
baut ma koa Haus,
und zur Kirchn
braucht ma no länger.

Alloa dreschn
und alloa singa –
bringt koa Korn
und koane Kinda!

Mit am bösen Nachbarn,
mit am schlimmen Weib
und am rinnenden Dach –
mit die Drei haust sichs schlecht.

Wo d' Henna kraht
und net der Hahn,
da is die Wirtschaft
übel dran.

Zerst gwollt – nacha gsollt;
zletzt gmüaßt – und gbüaßt!

Es ist no' alle Tag
Nacht wordn!

Es tagt aa net eher,
wenn ma's Licht
zum Fenster naus hebt.

Die tiefen Nebel
und die hochen Herrn
gwinnen immer.

»Guat ist guat« – aber besser is besser.

Nur Geduld –
der Schnee vergeht,
eh daß er
warm wird!

Die großen Herrn
und die großen Hund
beißn einanda net.

Man kann
den Auswärts net in
die Kammer sperren!

*(Auswärts = Frühling, hier auch
im Sinne: Ungestüm.)*

Wie der Herrgott
naß macht,
so macht er
auch trocken.

Der Not darf ma kein'
Schwung lassen!

Früah auf
und spat nieda,
Füaß gschwind
und lauf wieda.

Der Mist ist kein
Sanctus,
aber sein Segen
glangt uns.

Der Herrgott
laßt sinken –
aber nit leicht
ertrinken.

Je mehr ma hat, je mehr muaß her
und je mehr hergeht, je mehr is hin!

's fremde Brot ist a saures Brot.

Auf oam Weg, wo viel gfahrn wird,
wachst koa Gras.

Z'haus hast hundert Augen – draußt bist blind!

Man wird z'früh z'alt und z'spat gscheit.

A gschneller Reichtum und a gachs Glück
dauern lang nit.

(gschnell = schnell, gach = jäh.)

Glück und Unglück ham den gleichen Weg!

's is nimmer wie früher . . .,
nur d' Hennen scharren noch immer hintersi.

Man muaß immer 's Beste hoffn –
's Schlechte kimmt vo selm!

(kimmt vo selm = kommt von selbst.)

Man muß dem Schicksal auch eppas übriglassn.

A eigenes Haus kriegt jeder amal –
eins von vier Bretter, und als Zugab
an Schüppl Hoblspän.

(Schüppl = Büschel, hier: Haufen.)

’s letzte Gwand hat koane Taschn.

Kurze Liadln san bald gsunga.

Ja, 's Hoamatl!

Dahoam, dahoam is doch dahoam!
Wannst net furt muaßt, bleib,
d' Hoamat is da zweite Muatterleib!

Lieber a haberns Hoamatl
als an roggernen Dienst!

(habern = arm, einfach, wo nur der Hafer gedeiht im Gegensatz zum Roggen [Korn]).

Zwoa hauslane Leut
hausent aa auf oaner Stoanplattn.

(hauslan = häuslich, zufrieden.)

Wer nia fortgeht, kimmt aa nia hoam.

Wo d' Henna krahn vor'm Hahn,
wo's Weibats redt vor'm Mann,
und d' Katz lauft vor da Maus –
in dem Haus is a Graus!

's Heimweh is die schlimmste Krankheit,
sie kann oam 's Herz a'druckn.

Schöner Misthaufen, schöne Gitschen!
Schöne Scheiterleistn, schöne Buben!

(Mist = der Stallfleiß [Frauenarbeit], Scheiterleisten = Holzvorrat [Männerarbeit], Gitschen = Mädchen.)

Wia der Acker – so die Ruabn,
wia der Vater – so die Buabn.

Wer Kinder hat, muß für Löffel sorgen!

In jeder Kuchl rauchts amal.

Wann a jeds in seiner Kuchl kocht,
bleibt's überall schö sauber.

Mit die Stroafhuizln fangt ma 's Sparn an.
(Stroafhuizln = Streichhölzchen.)

Man putzt die Stiegn von oben oba.

Neue Besen kehrn gut,
aber die alten wissen die Winkel.

In an jedn Haus gibts an Strauß –
aber den hängt ma net naus.

Jeds Haferl findt sein Deckel –
und jeds Hackl sein Stiel.

Der Kessel hat vor der Pfann
nix voraus,
weils' alle zwoa schwarz sind.

Schlag net den Korb,
es bleibt dir leicht
der Henkel in der Hand.

A Ausred und a Nudelbrett
is a guats Ding im Haus.

Der Mann kann
mit'm Leiterwagen
net so viel
ins Haus führen,
als wia a Weiberleut
im Fürtuch
furttragen kann.
(Fürtuch = Schürze.)

Drei Häuser
sind auch a Gmoa.

Wia kloaner 's Dorf, wia bissiger d' Hund.

(wia – wia = je – desto.)

A guater Hund
verlauft si' net,
und um an schlechtn
ist koa Schad.

Ist die Katz
aus'm Haus –
haben d' Mäus
Kirchtag.

Wo a Liesl is,
braucht ma koan Haushund,
und wo a Kathl is,
beim Nachbarn aa koan.

*(Die Liesln und Kathln gelten
als häuslich und – bissig.)*

Jeder Heilige will seine Kerzen.

»A kernhafter Brauch
's Neujahranschießen«,
hat der Steftenlenz gsagt,
wia eahm die Böllerladung
ins Gsicht gangn is.

Die Kirchn muaß ma
beim Dorf lassn –
(und 's Wirtshaus danebn).

Solang g'orgelt wird,
is die Kirch net aus.

Mit'm Wind ist leicht blasn
und gegn den Wind schlecht brunzn.

Was 's Wasser und der Wind bringt,
ghört dem, zu dem's kimmt.

(Alter Rechtsgrundsatz)

Der Winter fragt,
was der Sommer verdient hat.

A verschüttet's Wasser
kann ma nimmer aufhebn.

Weiter als bis auf d' Haut
hat si' no' koa Regn einitraut.

Frühe Bettler und Wetter –
kommen noch amal später.

Auf die alten Häuser
liegen schware Stein',
auf die neuen leichte
Hypotheken.

*(Schwere Steine zum Festhalten
der Schindeldächer, leichte Hyp.
d. h. leichtfertig aufgenommene.)*

Es kann nur oans beim
Fenster außerschaun.

*(d. h. Herr im Haus sein, insbes.
auf die Übergabe an den Sohn
bezogen.)*

Übergebn –
Nimmer lebn.

*(Übergeben = in Austrag [Alten-
teil] gehen.)*

Bauernschweiß
und
Bauernstolz

Bauernschweiß ist der beste Dung.

Am Misthaufen derkennt ma 'n Bauern.

Mit dem Odel kimmt der Adel.

Alls nimmt a End, sagt der Bauer – nur 's Misten nia.

Wer will schnabeln, muß erst gabeln.
(d. h. erst mit Heu- und Mistgabel arbeiten.)

Guat gedüngt,
is der halbe Herrgott.

Brechen, Pflügen, Misten
füllt die Kasten und die Kisten.

Einspannig Mist gfahrn
ist besser als vierspannig
umanandkutschiert.

Dös is a Wetter für meine Knecht –
arbeiten s' schlecht, friart sie's recht –
sagt der Bauer, wenn's kalt ist.

Drei Ding bringen den Bauer um 's Äckerli:
Tee, Kaffee und Leckerli.

*(Schweizer Spruch aus der Zeit,
wo Tee und Kaffee Luxus war.)*

Jetzt kommen noch die sieben magern Jahr –
nacha hört die guate Zeit auf!

Mit'm kloansten Maul
kann man auch den größten Hof
verzehrn.

Krumm gehn gibt grade Furchen.

(d. h. Pflügen mit krummem Rücken.)

A neuer Knecht ist leicht eingstellt,
aber net a neuer Bauer.

Man muaß 'n Wagen schmiern,
wenn er geahn soll.

Wer 's Ernten verschlaft,
den weckt der Winter auf.

Heuen muaß ma, wann 's Heuwetter is.

Wer Hafer sät, kann koan Weizen ernten.

Der Bauer ist immer
im nächsten Jahr reich.

Was der Grund bringt –
frißt 's Gsind.

*(d. h. der Bergbauernhof
ernährt knapp den Bauern und
kein Gesinde.)*

Das hört der Bauer gern,
daß der Butter viel gilt.

(viel gilt = teuer ist.)

Selbst Herr – ist a großer Herr!

A Bauer, der net ackert,
und a Henn, die net gackert,
bleibn net lang auf 'm Hof!

Der Bauer muß für die Herren
und für die Bettlleut sorgen.

Wenn der Bauer net wär,
scheißatn die Herren Gagelen
wia d' Mäus.

(Mäuse-Gagelen = Mäusedreckerln,
d. h. hier: nichts zu essen
und nichts zu verdauen haben.)

Der Äpfel fallt
nit weit vom Baum –
außer es is
a Birnbaum.

Selber gsponnen
und selber gmacht –
ist die beste
Bauerntracht.

Wie ma' 's Bäuml biagt,
so wachst es.

Ein laarer Halm
spreizt sich gern.

Vieh
und
Viecher

Wo's der Brauch ist,
legt ma die Kuah ins Bett.

Was woaß die Kuah vom Kalender
und der Ochs vom Sonntag!

Ist die Kuah hin, soll's Kaibl aa hin sein!

Die Kuah milcht mit 'm Maul.
(d. h. sie muß gut fressen, um Milch zu geben.)

Wann die Kuah aufs Gras warten kunnt,
brauchat s' koa Heu.

Es geht net immer,
wia ma möcht,
sonst könnt ma von der Kuah
glei Kas melkn.

's Jahr amal hupft aa a alte Kuah auf.

Es ist net alls Butter,
was von der Kuah kommt,
hat der Lehrer gsagt
und ist in 'n Kuahdreck neitreten.

A schwarze Kuah gibt aa weiße Milli.

Wenn d' Kuah verkauft is,
geht d' Nachfrag a(n).

Unnütze Händ melken die Ochsen.

Wenn der Ochs aufs Seminar
ganga waar, därfat er predign
und bräuchat net ziachn.

Vom Ochs kannst net mehr
als Rindfleisch verlangen.

»An der Fuhr bin i selber schuld«,
hat der Ochs gsagt, wie er 'n Mist
hat aufs Feld ziachn müssen.

Die Fackn kennt man am Grunzen.

(Fackn = Schweine.)

»Jetz bin i gmoant«, hat d' Sau gsagt,
wia Schlachttag war.

Sau und Dreck kenna anand von kloan auf.

Dumme Leut schmiern
oaner feisten Sau
aa no den Arsch.

Wer sich mischt unter d' Klei',
den fressen d' Säu.

A guate Henn' verlegt
aa diamal ihr Ei!

(diamal = mitunter)

Wenn es nit mag, na tagt es nit –
und wenn sich der Hahn
zehnmal z' Tod krähat.

Zwoa Göckl
tean net guat
auf oam Misthaufn.

A toater Hund beißt net
und a hinerne Henn legt net.
(hinerne Henn = eine Henne, die »hin« [tot] ist.)

Wo Hennen san,
kommen d' Hahna hi.

Wo koane Federn san,
kannst koane rupfen.

Die kloan Hund
ham aa Flöh.

Wer mit die Hund springt,
muaß mit die
Hund belln.

Wia da Hund 's Fastn könna hat,
is er hinworn.

Es san mehr Hund auf der Welt,
die Waldl heißn.

Wenn ma 'n Hund
zum Jagen tragn muaß, werd d' Jagd
net viel tragn.

Wenn der Hund net g'schissn hätt,
hätt er den Hasn derwischt.

Wo's der Brauch is,
tuat ma d' Hund Pfeffer in d' Suppn.

Wo ein Hund wischerln hingeht,
müassn die andern aa hingehn.

Die Katz wird sich schon melden,
wenn ma s' aufn Schwoaf tritt.

Wenn die Katz a Henna waar,
legat sie Oar.

Schaut die Katz an Bischof an
und ist doch a gweichter Ma(nn)!

(gweicht = geweiht, heilig.)

A Katzerl im Arm
gilt aa für warm.

»Hiaz geahts dahi'«,
hat der Spatz gsagt,
wia 'n d' Katz dawuschn hat.

(Hiaz = jetzt; dawuschn = erwischt.)

Hat der Teufel 's Roß gholt,
soll er 'n Zaum aa habn.

Wie der Schimml am Lebn is gwen,
ham s' eahm nix zu fressn gebn;
wia der Schimml tot is gwen,
ham s' eahm a Schüppl Heu no gebn –
net daß d' Leut sagn: »Zwegn der Not –
is der Schimmel tot«.

(gwen = gewesen: zwegn = wegen.)

Guate Rösser ziachen stad an.

(stad = langsam, ruhig.)

Lieber den Rosenkranz herleihen
als das Roß.

Wenn 's Roß umgstanden is,
hat der Heilige koan Nama mehr.

(d. h. Ist das Roß tot, braucht man den Viehpatron nicht mehr.)

Es können net alle Äpfel
am Baum wachsn –
ham d' Roßäpfl gsagt.

Weibersterbn ist koa Verderbn –
aba 's Roßvareckn
is a Mannerschreckn.

Wenn der Bettlma(nn) aufs Roß kommt,
kann er 's nimmer
derhalten.

(derhalten = im Zaum halten.)

Mit »Vergeltsgott«
kannst 's Roß net füttern.

Unser Herrgott
hat mehr Esel beim Brot
als beim Heu.

Alte Geißn schlecken aa gern Salz.

Mit Gwalt lupft ma' aa a Goaß ummer.

Unser Herrgott läßt da Goaß
'n Schwanz net z'lang wachsn,
sonst schlagt sie damit
'n Leuten d' Fenster ein.

Es sucht oft oaner den Esel –
und reitet drauf.

Wann oa Schaf 's ander hüat,
sans allzwoa bald hin.

»Grüaß Gott beisamm!«,
hat der Fuchs gsagt,
wie er im Hennerstall drin war.

»I werd' so dumm sein«,
sagt der Fuchs,
»und laß mi
von die Henna auffressn!«

»Kloaweis gehts her«,
hat der Fuchs gsagt,
wia er hat Fliagn
fressn müassn.

A jeder Fuchs lobt sein' Schwanz.

»Wenn wir zwoa net waarn«,
sagt der Floh zu der Laus,
»hätten d' Leut nix zum Kratzn.«

Der Prahler und da Flo(c)h,
die hupfn gleich hoch.

Mit Gwalt kannst auch
an Igel flöhen.

»Da kommet zwoi und bringent oin«,
hat 's Maidli gsait,
und hätt an Floh
zwische zwoi Finger ghätt.

»Wie der Stall, so 's Vieh«,
sagt d' Sennerin –
und langt um an Floh
unter d' Pfoad.

(langt = greift; Pfoad = Hemd.)

Essen freut den Bauch

’s Essen freut ’n Bauch!

Besser z’ Haus a Wassersupp
als draußt an Milchkoch.

(Milchkoch = Milchmus.)

Es schmeckt nix besser
als was ma selber ißt!

Wer lang Suppn ißt, lebt lang.

Die hoaß’ Suppn, die ma net essen muaß,
soll ma aa net blasn.

Aus der Suppn schaun
die lachatn Gsichter.

(d. h. beim Essen soll man fröhlich sein.)

Es gibt nix Bessers als eppas Guats!

Wenn keine Knödel sein,
ischt nit ’gessn.

Vorm Essen hängt oam ’s Mäul,
nachm Essn is ma fäul.

»Wenig, aber gut«, hat der Bär g'sagt,
wie er d' Muckn g'fressn ghabt hat.

A Schmalz ohne Kübl
is nit 's größte Übl.
(Schmalz = Butter.)

Besser a Fliagn aufn Kraut als gar koa Fleisch.

Wenn ma's net anders weiß –
schmeckts Kraut wie Fleisch.

Mit da Gabel is's an Ehr,
mit 'm Löffl kriegt ma mehr.

In a grobs Maul
ghört a grober Löffel.

Eh' daß ma betteln geht,
sollt' ma' sein Löffel verkaufen.

Die bessern Nudeln san die,
die übern Löffel runterhängen;
die ka ma erst aschleckn,
bevor ma s' frißt.

Vater unser, der du bischt –
und Knödl aufn Tisch
und a Bratl in der Pfannen
unseres Absterbens, Amen!

(Kinderspruch aus Südtirol.)

Vater unser, der du bischt –
Knödln steahn auf 'm Tisch,
d'r Löffl liegt aa dabei, –
kannst kostn, wia s' sei(n).

(Aufforderung zum Mitessen.)

Knödel, Nudel, Nocken, Plenten –
sein der Tiroler
vier Elementen.

*(Plenten = Buchweizen,
bzw. Mais, Polenta.)*

Iß! Wachst dir 's Gfrieß!
Sags deim Nachbarn aa,
wachst's eahm aa.

*(Aufforderung zum Zugreifen.
Gfrieß = Gesicht.)*

Vor große Knödel
hat si' noch nia oaner
gforchten.

Der Hunger treibt
d' Bratwürscht nei.

Ma muaß die Brocken
net größer nehmen
wia 's Maul ist.

Der Gast und der Fisch
stinken am dritten Tag.

Besser a Stuck Brot
im Sack
als Federn am Hut.

Wer nit fretten kann,
kann aa nit hausen.

Überall ist guat
Brot schneiden,
wenn ma oans hat.

Wem 's Bröckl bestimmt is,
bringts zu kein Brotlaib.

Von ander Leut Brot
ist leicht runterschneiden.

Wegen oam Erdäpfl
setzt man koan Häfen
ans Feuer.

Mausdreckln im Habern
gibt no lang koa
Kümmelbrot . . .

(Habern = Hafer, Getreide.)

Wer den Hafen voll hat,
kann ihn leicht überlaufen lassen.

Was nutzt a scheane Schüssel,
wo nix drin is?

A laarer Hafn wird net ausgschellt.

(ausgschellt = ausgeläutet.)

Die bratenen Vögel
fliagn überall hoch.

Nach »hoakel« kimmt »nicht«.

(d. h. wer nörgelt, hat das Nachsehen.)

Schottsuppn und Verdruß
hat ma leicht gnua.

(Schottsuppe = aus den mageren Rückständen beim Käsen bereitet.)

Wann die Pfannen voll is,
fehlt net leicht a Nudel –
außer es hockt no eine auf 'm Stiel.

Mit 'm grean Holz is a harts Kochn,
wann ma koa Mehl hat.

Die meisten gehn
gern in die Kirchn,
wo ma mit 'm Maßkruag
zsammaläut'.

D' Leut redn immer
vom Saufen,
aber nia vom Durscht.

Noch a Maß, sagt der Wirt –
a guats Trank macht fette Säu.

Jetzt kunnt ma mir
an bratenen Engel vorsetzn –
i fraß 'n net!

A Rausch is besser
als a Fieber.

Zum Essn und Betn
soll ma neamd nötn.

Selber eingbrockt,
selber gfressn,
selber gschissn.

Zviel is ungsund, und wann's
lauter Medizin waar.

Kurasch backt Küachln –
aber es g'hört aa a Schmalz dazu.

*(Schmalz, doppelsinnig, d. h. sowohl
Fett als auch Kraft und Schneid.)*

Die Erdäpfel schmecken am besten,
wenn ma s' der Sau gibt
und nacha d' Sau ißt.

»Schad, daß der Buckl koa Bauch is«,
hat 's Büabl auf der Kirchweih gsagt.

D' Knödel sein gessen –
jetz waar was zum Essen recht!

Liabsleut,
Weibsleut,
Kinderwar'

D' Liab druckt 's Herz
und da Knödl 'n Magen.

Was d' Liab is, können die am besten sagen,
die 's Maul hinter Schloß und Riegel tragen.

Die Liab läßt si' net kaufn und net zwinga.

's Herz hat koa Fenster net.

Wo d' Liab treibt, is koa Weg z' weit.

D' Liab macht blind – beim Arsch und beim Grind.

(Grind = Kopf.)

D' Jungfraun und d' Oar
derf ma net z' lang aufhebn.

»Einmal is keinmal«, hat 's Diandl gsagt –
»aber schö wars do.«

Madeln san koane Hutzlbirn.

*(Hutzlbirn d. h. Dörrobst,
das man beliebig aufheben kann.)*

»Der du bist in dem Himmel«,
hat der Bua gebetet, wia(r)a
Fensterln ganga is.

Auf d' Nacht uma neune,
geaht a jedr zua da seina –
und wer koane hat,
nimmt d' Katz in' Arm –
die kratzt aa und macht warm.

In der Still und in der G'hoam – steigt der Vetter zu der Moahm.

(in der G'hoam = im Geheimen; Moahm = Muhme, Base.)

Der Tuifl gibt auf d' Schönheit nix.

An anbrennts Scheitl brennt besser
als an anders.

Mit 'm greana Holz
is schlecht Feuer machn.

Mit 18 Jahr is auch der Teufel schön.

Hätt ma's net – tät ma's net!

Schöne Schüssln
geben schöne Scherbn.

A großer Ofen
braucht lang, bis er
warm wird.

A gach's Feuer
brennt net lang.
(gach = jäh.)

»Das hat seine
Bedeutung!« hat der
Koprata gsagt und
hat 's Diandl zwickt.

»Gschleckig bin i net«,
sagt 's Madl,
»aber was guat is,
woaß i scho!«

Schö schwarz ist schöner
als schiach weiß.

(schiach = häßlich.)

Rutsch net z' viel zum Madl hi –
's Rutschn
macht dünne Hosn.

Bua, Ohrn machn,
koane Äugeln,
wannst heiratn willst.

»Auf der Geign ko ma spieln«,
sagt da Bua,
wia eahm 's Madl
Kirtanudln ins Mäu
gschobn hat.

*(Kirtanudln = Kirchweihnudeln
Mäu = Mund.)*

Immen und d' Mannsleut
fliagn zerscht aufn roatn Klee –
und nacha bleibens
auf an Saubleaml hockn!

Aus Bandlen und Tandlen
kommen Füßlen und Handlen.

*(Bändeln und Tändeln
gibt (Kinder mit) Füßlein und Händchen.)*

»Ma muaß alls amal versuchen«,
hat 's Madl gsagt –
und nacha hat 's was
in der Wiagn ghabt.

»Mollert is Mode«,
hat 's Dirndl gsagt,
wie's im 5. Monat
ausanandgangen ist.

(mollert = mollig, rundlich.)

»Im Kalender is's aber net gstandn«,
sagt 's Diandl, wias a Kind
gkriegt hat.

*(Im Bauernkalender werden alle
wichtigen Daten eingetragen, besonders
aber die Trächtigkeitsdaten des Viehstandes.)*

»Kloanweis muß ma 's Sach zsammbringa«,
hat die Dirn gsagt,
wie 's dritte Ledige da war.

»In der Fremd ist guat verdienen«,
hat 's Madl gsagt –
und ist mit am Schubkarrn
voll Kinder hoamkomma.

's Heiraten is allemal
a Lotteriespiel . . .

Wer 'n Süaßling
ghabt hat, muaß aa
'n Säuerling mögn!

Mann und Weib
is oa Leib –
aber net oa Gurgel.

Ledig is net allm fein
und verheiratet
net allm load.

(allm = alleweil, immer;
load = leidig.)

Ledig gestorben
is aa net verdorben.

»Auf di hab i lang scho gwart«,
hat der Adam zu der Eva
im Paradies gsagt.

A Leben ohne Weib
is a Suppn ohne Salz.

Ma sagt net allawei
Muizele, ma sagt aa
diemal Katzenvieh!

(diemal = manchmal.)

Die Heirat
ist a Vogelhaus –
Wer drin ist,
der will wieder raus.

Zwoa harte Stein'
mahln nit fein.

Wo ma a guate Urschl hat,
kann ma si'
'n Hund dersparn.

(Urschl, hier die treue, wachsame Hausseele.)

Wo d' Weiber Herr sind,
geht sogar der Herrgott
lieber hinterm Haus vorbei . . .

's astige Holz
und die Betnockn
muaß ma liegn lassn . . .

(Betnockn = Betschwestern.)

»Und erlös' uns von
allem Uebel, Amen!«,
hat der gsagt,
dem d' Frau durch is.

D' Weiber
und d' Füchs
ham neunerneunzgerlei
List und no an Binkel
voll dazu.

(Binkel = Bündel.)

D' Weiber kochen
's Lachen, 's Belln und
's Weinen in oam Hafn.

Recht hast, Frau –
aber 's Maul sollst
halten!

Sechs Weiber
und drei Gäns
is a Großmarkt.

Der Ehstand is a Prozession,
wo allm' 's Kreuz vorangeht.

Wer heirat, werds versteahn:
D' Schön tuat vergeahn,
und d' Liab, die vergißt ma,
wenn's hoaßt: von was frißt ma!

D' Weibsleut san wetterwendisch.
Vor der Hochzeit munden s' oam
und nach dr Hochzeit maulen s' oam.

Der Weiber Sinn und Will
is wia 's Wetter im April.

Junge Madln und 's Hennafleisch
hat erschaffen der Heiliggeist.
Aber alte Weiba und Affn,
die hat der Tuifl erschaffn.

Wer 's Glück hat,
führt die Braut hoam,
und wer ko, schlaft bei ihr.

D' Weibsleut muß man reden lassen
und 's Wasser rinnen.

Die Weiber ham mehr Gwalt
als wia 's Schießpulver.

A(n) Eh' ohne Kind
is wia(r) a Bauer ohne Rind.

Muttersegen steigt über neun Jöcher
und zehn Berg.

Wo viel Kinder seind,
wird 's Brot nit sper.
(sper = trocken.)

Morgenrot lügt nit,
und a dicker Bauch trügt nit:
Regen oder Wind –
Schmer oder Kind.

»'s is a Unterschied zwischen nei und raus« –
sagt d' Hebamm.

»Viel Kinder, viel Segen«,
sagt die Hebamm
und steckt 'n Tauftaler ein.

Wann die Tauf vorbei is,
möcht alles Göd sein.
(Göd = Pate.)

Wer koane Kinder hat,
erspart sich 's Schnullermachn.

Die Kinder –
wanns kloa san, tretens oan auf d' Füaß,
wanns groß san, aufs Herz.

Leichter sorgt oa Vater
für zehn Kinder,
als zehn Kinder
für oan Vatern.

Kinder und Facklan
habn alm laare Sacklan.
(Facklan = Ferkel;
alm = immer;
Sacklan = Sack, d. h. Magen.)

's Jungsein is a Fehler,
der alle Tag kloaner wird.

Wia die Orgel,
so der Ton,
wia der Vater,
so der Sohn;
wia die Muatter,
so die Töchter –
nur a kloanes wengl schlöchter.

(wengl = wenig.)

D' frühen Vögl
falln gern aus 'm Nest.

Wie der alte Vogel vorpfeift,
pfeifen die jungen nach.

»Auf 'n Lehrer kannst
di nit verlassen«,
sagts Bübl,
wie's in d' Hosen gangen ist.

»Guat wachst's heuer«,
hat 's Bübl gsagt,
und hat 's Unkraut gmoant.

»Lasset ihr Lausbuaba
Mode Mode sei,
's Füatla ghört
in d' Hosa nei!«,
hat der Pfarrer gsagt.

(Füatla = der Hintere; vorarlbergisch-schwäbisch.)

»Wenn da Lehrer
nit mitverbrannt ist«,
hat's Bübl gsagt,
»hätt d' Schul aa net
abbrenna brauchn.«

»Was hilft mir der
glernte Katechismus«,
hat 's Bübl gsagt,
»wann i koa Glegenheit
hab zum Anwendn.«

»Guat is ganga«, hat der
Bua gsagt und hat
in d' Hosn gschissn.

Lernjahr san koane Herrnjahr.

»Mit der Zeit kommt's Dutzet z'samm«,
sagt der Lehrbua,
wia der Watschnbaum umgfalln is.

Oa Bua hütet die Goaßn leicht,
zwoa hart,
drei gar nit.

»Gschiecht mein Vater ganz recht,
wann i mir d' Händ derfrier«,
sagt der Bua,
»warum kauft er mir koane Handschuh!«

»Allawei narrater«,
hat 's Büabl gsagt,
»fert is da Bummerl varreckt,
heunt der Vatter.«

(narrater = närrischer;
fert = gestern;
Bummerl = Jungstier;
heunt = heute.)

Wer ko,
der ko!

Wer ko, der ko!

Wer alls ko, ko nix.

Wann i viel kann, geht mi viel an!

Was oaner net kann,
soll er net treiben.

Ma muaß tun, wia ma kann,
net wia ma mag.

Ma tragt net schwer an dem,
was ma g'lernt hat!

Was ma glernt hat, frißt koa Brot net,
und was ma ko, koa Heu.

Wer koane Finger an de Pratzn hat,
kann koa Faust machen.

Der »Hab« und der »Kann«
hat sein Zeugl beisamm.

Besser der Habich als der Hättich!

Was di' net brennt, blas' net!

's harte Muaß gibt an festen Fuaß!

Wer's lang hat, läßt's lang hängen!

Aus einer fremden Haut
ist guat Riemen schneiden.

Kannst an' Stoan net weghebn,
so muaßt halt drüberspringa.

Wer's ko, schmalzt sich 's Koch, wer's net ko, frißt's a so.

(Das Koch – Mus, Brei.)

Wer in die Kraxn scheißen will,
muß sie erst niederstellen.

(Kraxn = Rückenkorb.)

Wer hat, der tuat –
der ziacht die Kappn übern Huat.

Fürschlings is alm besser gfahrn
als arschlings.

*(Fürschlings = vorwärts; arschlings = rückwärts;
alm = alleweil, immer.)*

In d' Höh soll ma net spein,
weils allmal wieder zruckkimmt.

Ma muaß net höher schneuzen
als d' Nasen is.

Ma ko mit oam Hintern
net auf zwoa Hochzeitn
zugleich sitzn.

Wer net guat hört,
kann leicht schöne Liadln reimen.

's Falln is koa Kunst –
aber 's Aufstehn!

Wer nia umgworfn hat,
is aa nia gfahrn.

Alles ko ma machn –
nur koa viereckete Kugel nit
und koa eiserns Pfannaholz.

Ma lauft nit leichter,
wenn ma d' Hosn voll hat.

Wer den Teufel
zum Vettern hat,
kann leicht
in d' Höll kommen.

Hinter 'm Berg san aa no' Leut

Hinter'm Berg
san aa no' Leut . . .

Je mehr seind –
desto mehr Feind!

D' Leut lernst auf'm Markt kennen,
net in der Kirchen.

D' Leut läßt ma redn –
d' Küah schelln –
und d' Hund belln.

Die Leut kennt ma am Gang –
die Glocken am Klang –
und den Esel an die Ohren.

Zwidere Leut mögn si selber nit!
(Zwider = unzufrieden, übellaunig.)

Ma muaß d' Leut hinlehna
und net hinschmeißn.

In da Mittn
komma d' Leut z'samm!

Der Limp und der Lamp
finden einand' im ganzn Land.
(d. h. Gleich und gleich gesellt sich gern.)

Es gibt koa unnutzers Volk
als d' Mannerleut und 's Weibervolk.

Es soll a jeder auf seiner Riesn
Holz liefern.

(Riesn = Gleitbahn für Holz.)

An jeden Lappn gfallt sei Kappn –
und mir mei Huat.

Es suacht koaner
den andern hinter'm Ofen,
der net selber scho
dahinterghockt is.

Kleider machen Leut, aber a Hosn no koan Mann!

Kleider machn d' Leut – und Hadern d' Läus!

(Hadern = Lumpen.)

Heimlich verreden
ist laut ausgricht.

(verreden = durchhecheln; ausrichten = verleumden.)

Wennst moanst,
über di' sagt neamd nix,
muaßt grad deine Ohrn
in 's Land schicken!

(Neamd = niemand.)

Mit große Herrn
ist net guat Kirschn essen:
sie speibn oan gern
d' Stoa ins Gsicht!
(speibn = speien, spucken.)

De betatn Leut,
de zahnenden Hund
und de stößigen Stier
is nia net z' traun.
(betat = betend, bigott.)

Am Sunnta'
san alle Leut schön,
die kropfaten,
krumpn und die
gschiagelten aa!

*(kropfat = kropfig;
krump = krumm, bucklig;
gschiagelt = schielend.)*

Wenn ma d' Leut
und 's Vieh mitanand
vergleicht, steigt
der Viehpreis.

Alle Staudn haben Ohren
und alle Bichl Augen.

(Bichl = Hügel.)

Vom Firstbaum oba is leicht schimpfen.

(Firstbaum = der höchste Dachbalken; oba = herab.)

Ja, in kloane Häut'
steckn oft große Leut!

Wer Butter auf 'm Kopf tragt,
soll net in der Sonn
spaziern gehn!

Es gibt mehr
Kohlnbrenner als wie
Körndlmüller.

*(d. h. mehr [arme] Köhler als
reiche Getreidemüller)*

D' Stadtleut ihr Dreck
stinkt aa net besser
als der Bauerndreck.

In da Näh is guat schiaßn
und in da Weiten guat lügn.

Wen oans mag,
dem brat ma a Wurscht,
und wen oans net mag,
dem schoaßt ma oane.

G'scheit reden,
g'scheit sein!

D' Leut reden viel,
wenn der Tag lang is.

Nix verred't sich so leicht als wia 's Maul!

Gred't und gschissn is bald a Haufn!

Vom verred'ten Brot schneidt ma große Bissn.

Hintnach kommen
die Prophezeier.

Hinterdrein kann auch
die alt' Urschl reiten.

Verheißn und net toan
is 'n Teixl sein Lohn.

(Teixl = Teufel.)

Mit ung'legte Oar
is nit guat Schmarrn kochen!

A guater Rater
ist besser als a schlechter
G'wißwisser.

Die krumpn Roß und die guatn Rat
kommen gwöhnli' z' spat!
(krump = krumm, hinkend.)

Die Erfahrung
steckt die Gelehrsamkeit in 'n Sack!

Der »I-werd-wohl«
und der »I-sollt-wohl«
stehn auf, wenn die andern
schlafen gehn.

Der »Wollt« und der »Hätt«
habn grad das Gspött.

Der »Kreuz« und der »Quer«
begegnen sich alm in der Mitt'.

Die fett schwätzen, die kochen mager.

's Gräusch ist oft größer als der Bach.

A schlechter Schütz, der koa Ausred hat.

Wenn das »Wenn« net waar,
waar da Kuahdreck Butter.

Und der Esel waar
leicht Doktor wordn,
wenn 's kloane Wörtl
net gwesen waar.

Wann oans »hot«
sagt, muaß 's ander
net glei »wist« sagn!

(hot, wist = rechts, links – Zuruf an die Zugtiere.)

»Nicht«
hat koan Nama.

(Nama = Namen, hier Geltung.)

Wer viel red't,
der gibt net gern.

Hitzig ischt net witzig.

Gescheit muaß ma sein,
groß gnua
ist ma' leicht.

Stad und gwiß –
san die besten Schüß.

Wer nit hört,
dem muaß ma deutn!

Dummheit und Stolz
wachsen auf oam Holz.

Zwerch und z'viel
ist ein Narrenziel.

Derfragen kann ma alles,
aber kriegn tuat
ma net alles.

Gedanken sein zollfrei –
(aber nit höllfrei!)

Denken
kannst dir alles,
aber net all's sagn!

Schlecht gebetet is nit
immer schlecht 'denkt!

Vom Trost und Mitleid
hat scho mancher glebt –
wenn er net
vorher verhungert is.

Wann
der Abtrittdeckel net
waar, könnt sich a jede
Gruabn für a
Scheißhäusl halten.

Es streiten viel, nicht
daß sie recht haben,
aber daß sie
recht kriegen.

Erst 's Griß,
nacha 's Gschiß!

*(d. h. erst reißt man sich um
etwas . . .)*

»Es tuat nur so,
als wanns regna tat«,
hat der Noah gsagt,
selbigsmal bei der großen Wassernot.

Wennst es besser weißt,
mach du ’n Bürgermeister!

Die Arbeit is koa Frosch

D' Arbat is koa Frosch,
die hupft oam net davo.

Das Achezen is die halbe Arbeit!

(d. h. das Ächzen, Stöhnen dabei.)

Wer alle Tag feiert,
fragt freilich net nach 'm Sonntag.

Vom Erben kriagt ma koane Bladern an die Händ.

(Bladern = Blasen.)

Wem nix durch d' Händ geht,
dem geht aa nix durchs Maul.

Im Schlaf fangst koane Mäus.

Wer zeitig den Kummet
um den Hals kriegt, lernt 'n guat tragn.

(Kummet = das kranzartige Joch des Pferdegeschirrs.)

Ehnder tuat ma si' was derarbeiten
als derrenna und leichter derhocken
als derspringa.

(Ehnder = eher; derhocken = ersitzen.)

Weiberarbeit siacht ma net.

(d. h. die »unsichtbare«
Haus- und Kleinarbeit
der Frau.)

Maurerschweiß is kostbar
wia der Wein von anno siebzig.

Guat dengelt ist halbert gmaaht.

(Dengeln = Schärfen der Sense.)

»Oamal Bürgermeischter und ums Verreckn net wieder!«
hat er gsagt, wie s' ihn abgsetzt habn.

Besser zum Schmied als zum Schmiedl.

Gschissn is no lang net gmalt.

D' Advokaten wissen,
wia ma die wächserne Nasn draht.

»Wär gelacht, wann ma dös net kriegn täten!«
hat der Advokat vorm Prozessiern gsagt –
und hat 's Geld gmoant!

Der Advokat
schlingt ’s Kaibl,
bevor die Kuah
zuatriebn is.

Aus ’m Maurerschweiß
macht ma
d’ Advokatentintn,
drum is sie so teuer.

»’s Fragen kost nix,
aber d’ Antwort«,
sagt der Advokat.

Scherg und Schinder
san Geschwisterkinder.

A Bauer und a Pfarrer
wissen mehr
als a Pfarrer alloa.

»Wanns nur der
Pfarrer net siacht,
mit unserm Herrgott
will ich schon fertig werden«,
sagt der Bauer, wia er
am Sonntag gheut hat.

(gheut = Heu eingebracht.)

»'n Herrgott fallt
auch amal a Stuck Vieh«,
ham s' gsagt, wie
's Vikarle in der Nacht
verkugelt ist.

(Vikarle = Vikar;
verkugelt = abgestürzt.)

D' Schuasterweiber
und die Schmiedsroß
gehn barfuß.

Kennt den koaner,
der wo d' Arbeit erfunden hat?

A schlechter Schreiber
gibt der Feder d' Schuld.

Wenn ma vom Arbeiten reich wurad,
ghörat dem Esel die Mühl
und 'n Taglöhner die ganz Welt.

Der Geldbeutel und der Sündenbinkel

’s Zentrum von der Welt
is und bleibt’s Geld.

Die Geldsäck
san die schwersten Säck.

’s Geld braucht a finsters Ort
und an verschwiegenen Mann.

Die Leut’ fürchten und das Geld verzotteln
tuan die Narren und die Trotteln.

Im vornhinein
zahlt man den Schinder.

Wer zum Kreuzerbeutlhüatn bstimmt ist,
der kommt zu koam Guldensack.

Drum is ’s Geld rund, daß ’s rollt.

Solang oam der Kreuzer fehlt,
ist der Gulden net ganz.

Wo d’ Not am größten,
is meist der Gerichtsbot
am nächsten.

Was ma hat, hat ma!

Nix ham – is a sichers Gschäft, aber halt a kloans.

Leichter laßt a toate Sau an Furz
als der Geizkragn an Kreuzer.

Wer viel Schulden hat,
hat im Winter an aus'tretnen Weg zum Haus
und im Sommer an vollen Hoangarten.

(Hoangarten = Heimgarten, d. h. Besuch im Haus.)

D' Schulden essen mit
aus der Schüssel.

Lieber zehn Neider, als oan Mitleider.

Von den Vierzehn Nothelfern
schiebt oana 's Helfn auf'n andern.

Wer 's Glück hat vertan,
den schaut's nimmer an.

's Glück is a Lotterin,
die jede Nacht bei an andern liegt.

(Lotterin = leichtfertiges Frauenzimmer.)

Wo Geld ist, ist der Teufel;
wo keins ist, ist er zweimal.

Gibt ma dem Teufel die Hand –
nimmt er alls mitanand.

'n Teufl muß ma
mit Teufl austreibn,
aber ein Teufl treibt ma aus
und zehn eini.

»I und Fliegn fressen in da Not«,
hat der Teufl gsagt,
»i hab so allwei
mei guats Auskommen ghabt.«

Wo der Tuifl oamal scheißn geaht,
geaht er allmal hin.

Bergab schieben alle Teufel,
bergauf hilft koa Heiliger.

Mit Fluchn läut' ma
die Teufelsmettn ein.

Kreuzhimmel-
sternelement,
ihr Rotzbuam –
ihr sollts net fluchen!

Was man
Gott nimmt, holt der
Teufel wieder.

Wem 's Glück lacht,
der kann auch
stehend scheißen.

Wüast tuat wüast –
und schiach tuat schiach.

Ein Dreck sieht dem
andern gleich.

Wer den Dreck
umstiert, muaß ihn auch
schmeckn können.

(umstiert = aufrührt.)

Was nit verlogen is,
is no lang nit wahr.

Wenn die Falschheit
brinnat wia 's Feuer
wär 's Heizen
halb so teuer.

Die Lugn ko ma aa am
Kirchweg aufklaubn.

(Lugn = Lügen.)

Ma ko net bei jedem Segen
und bei alle Glasln Wein sein.

Wann die Dummheit a Sünd waar,
kamatn viele in d' Höll.

Wer koa Glegenheit hat,
ko leicht brav sein.

's Hörensagen is d' Lugenschul.

Stehlen und Lügen
geht über oa Stiegen.

Ehrlich reich werden
hat Haar auf die Zähn.

Ehrlich währt am längsten –
gstohln is bald was!

Wenn a jeds Lugnwort
an Ton gebat,
hätt' ma 's ganze Jahr
die schönste Musi.

Redli' – findt 's Knödli.

Ein ungerechter Heller
frißt zehn g'rechte.

Unrechts Gütl –
tragt nix im Hütl.

Redlich teilen –
und der eine nix haben!

's Recht laßt si' wohl druckn,
aber net unterdruckn.

Ungleich Gwicht hat koa Gsicht
und kimmt vors Gricht.

Es hat mancher a guats Gwissen,
bloß weil er's nia braucht.

D' Schulden und 's Wort Gottes
bleibn ewig!

Der Gsund und der Wehdam

Bluat is kei Wasser.

Der Gsund geht über Ehr und Amt.

(Gsund = Gesundheit.)

Der Gsunde hat neunzig Wünsch,
der Kranke nur oan.

Der Achezer überlebt den Krachezer.

(d. h. das »Ach!« überlebt den Krach.)

Den Wehdam tauschat ma gern um an guatn Acker fort.

(Wehdam = Schmerz, Krankheit.)

Guat 'bissn – is halbert gschissn.

Der Ganzgschwind
leicht sich d' Händ verbrinnt.

D' Morgastund
hat Gold im Mund,
sie hat aber ganz natürlig
pfundweis Blei im Fürlig.

(Fürlig [alemannisch] = der Hintere.)

Im Feber trink ’s Wasser
wia(r) a Laus –
im Märzn wia(r) a Maus,
im April wia(r) a Bua,
und im Mai wia(r) a Kuah!

In a rechts Gsicht
ghört a rechte Nasn,
und unter an broatn Buckl
a broater Arsch!

»Raus muaß er!« sagt der Wurmdoktor,
»und wenn ma an Vorspann brauchaten.«

»Des is a Saustall!«
hat der Bandwurm gsagt,
wia s’ ihn abtriebn ham.

Wer am Freitag lacht,
am Samstag singt,
der woant am Sonntag
ganz bestimmt.

Die Gwohn
is a eiserne Pfoad.

*(Gwohn = Gewohnheit;
Pfoad = Hemd.)*

Wenn 's Füedle
Reträt blast, hat 's
Züngle Füirobad.

*(Füedle = der Hintere;
Züngle = Lunge;
Füirobad = Feierabend.)*

Wer sich am heißen
Wasser verbrüht hat,
scheucht auch das kalte.

Aus einem bittern
Maul kann ma net
süaß speibn . . .

Kurze Haar san bald
bürstelt . . .

Wer koan Kopf hat,
muaß Füaß habn.

D' Haar einzeln
ausgrissn ist no lang
net gschorn.

»Wir wer'n scho fertig
mitanand« – hat der
Bettlmo zu seine Läus
gsagt.

Wer sich harbt,
der hat verspielt.

(harbt = härmt.)

Lieber trag an' Zentner schwer
als an' Dreck im Füadla,
der zitig wär'.

*(Füadla = Hintern,
zitig = zeitig.)*

In da Fruah a Gunst –
am Mittag a Kunst –
auf d' Nacht a Last.

Wann der Kopf launt
hat der Bauch gsaumt.

*(launt = launig, unlustig;
gsaumt = etwas versäumt.)*

An jeds kriagt sei' Fleckl,
wo 'n der Schuah druckt.

»Gsundheit!«
sag'n d' Fuhrleut;
»wer stad fährt,
kimmt aa weit.«

(stad = ruhig, langsam.)

»Leben und leben lassen»,
sagts Betlweibl,
und schmeißt 'n Kittel
samt die Läus
übern Zaun.

»Nix wia naus,
was koan Hauszins zahlt!«
sagt der Bauer
und läßt oan fahrn.

Hat ma koa Kreuz –
so macht ma si' oans.

(Kreuz = Ungemach, Plage.)

Wer lang lebt,
kann leicht alt werden.

An Steckn muß ma sich richten in jungen Jahrn,
daß ma e Heb' hat für die alten Tag.

(Heb = Stütze.)

Junge Springer –
alte Stolperer.

Iß warm und trink kalt,
aft wearst hundert Jahr alt!

Füaß warm, Kopf kalt,
macht d' Leut alt.

Im Alter muaß ma
sich erscht kröna,
als Junger ist ma
so der Scheana.

(kröna = Krone aufsetzen;
der Scheana = der Schönere.)

Alte Karrn tun gern knarrn.

’s Alter bringt d’ Leut um.

Weit vom Schuß gibt alte Soldatn.

Im Alter wachsen nur die Nagel und der Geiz.

An alter Ochs is aa amal a Kaibl gwesn.

Graue Haar sind aa net schwerer.

Alte Leut und alte Hüttn
braucht ma nimma z' flickn.

»Alte Küah schlecken aa gern Salz«,
hat die Alte gsagt
und hat an Junga gheirat.

Mit 60 Jahr
muaß ma 's Hosentürl zu-
und 's Kellertürl aufsperrn.

Wer lang huast, werd lang alt.

(huast = hustet.)

Der Tod is a teurer Gspaß,
denn der kost 's Leben.

's Sterbn muaß ma sich
auf z'letzt aufghalten.

Leut
wia
Grießknödl

Es seids ja Leut wia Grießknödl –
bloß net so rund!

»Dös hilft für d' Mäus!«
hat der Tiroler gsagt
und hat 's Haus anzunden.

»Der Gscheitere gibt nach«,
sagt der Bauer zum Ochsen, »gib du nach!«

»Ander Land, ander Litt«, hat dr Schwyzer gsit,
wia a Goaßbock zum Fenster rausgschaut hat.

's moant mancher,
er hätt an Heiligenschein,
derweil is 's bloß a Kropf.

»Auf'n Sunntag mußt di' fein machn«,
sagt der Halterbua
und räumt sich d' Nasn
mit'm Fingernagl aus . . .

(Halterbua = Hirtenbub.)

»Hintere nachanand . . .«, hat 's Weibl gsagt,
wia's ihr oanzige Goaß in 'n Stall triebn hat.

»Was d' Leut net alls erfinden«,
hat's Weibl gsagt,
wia's an schwarzen Mohrn hat gsehn.

Wers versteht, der ko aa
hinterm Ofen derfriern . . .

's kommt nur darauf an, wia ma's macht,
aber wer 'n Hintern zu'n Brunnen hinhält, ko do net trinken

Dös san die drei großn Tugenden:
beim Arbeiten derfriern,
beim Essen schwitzen
und beim Betn schlafn!

»Wo Raach isch, isch aa a Fuir«,
hat der Tiroler gsagt
und hat an am frischn Roßbolln
sei Pfeifn ozündn wolln.

(Raach = Rauch; Fuir = Feuer.)

»Solls donnern, mir ham ja
an Mann im Haus«,
hat die Kuchldirn gsagt . . .

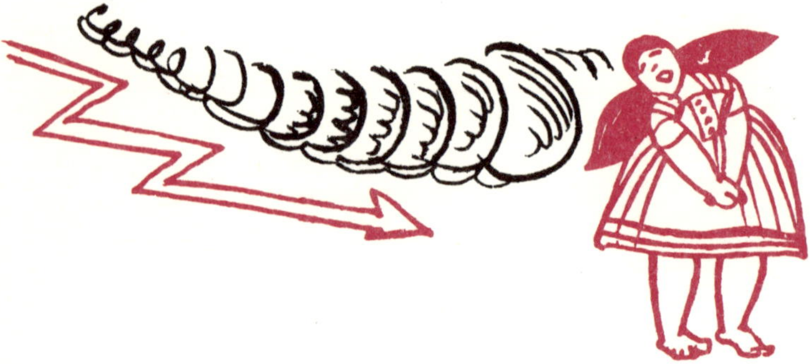

»Die Kath' soll heut d' Knödl machen«,
sagt der Kleinknecht,
»die hat die größern Händ . . .«

Alls muaß sei Maß habn:
kurze Predigt und lange Bratwürst!

»Essens' nur, Herr Pfarrer«,
hat die Bäurin gsagt,
»sonst kriegen's d' Säu!«

»Gwohns, Mierzerl, gwohns« –
hat der Bäcker gsagt
und hat mit der Katz
den Ofen aus'kehrt.

»Dös schaut mir gleich!«
sagt der Hias,
wie's an bratenen Kalbskopf auftragen ham.

(d. h., das ist was für mich.)

Die Jager und d' Hund
fressen zu jeder Stund.

Wer koa Kreuz hat,
muaß 'n Hintern in der
Schlingen tragn . . .
(Kreuz = Rückgrat.)

Besser im Krüagl
dersoffen als im Bach.

Mit 'm Schlafen spart
ma 's meiste Geld.

»I war eh' scho im
Gehn«, hat der gsagt,
den s' nausgschmissn
ham.

»Der schönsten Kuah
hängt ma d' Glocken um«,
hams zur
Kropfaten gsagt.

»Herein!«
hats Taubstummerl gsagt –
wia 's Haus eingfallen is.

Wann d' Arbeit
sterben taat,
gang ihr
a jeder mit der Leich . . .

»Alles aus Liab –
aber nix umsunst!« –
sagen d' Buam
und d' Wucherer.

A Zimmermannshaar mißt an Zoll
und a Schneiderfurz
a gschlagene Elln.

»'s geht nichts über's Handwerk«,
hat der Schneider gsagt,
und hat 's Hosentürl
hint hingmacht.

»Ja, was ma glernt hat,
hat ma glernt«,
sagt der Scheißhäuslräumer . . .

»Der Gams ist mir
in 'n Stutzen neiglaufen«,
hat der Wildschütz gsagt.

»Da siacht ma das Wort Gottes
schwarz auf weiß«,
hat der Bauer gsagt,
wia da Herr Pfarra
auf an Schimmel gritten is.

Raus mit die Fahna!
Da is a Jaga, der no nia
glogen hat!

»Was grob is, is stark,
und was stark is, dös hält«,
hat der Teifi gsagt
und hat seiner
Schwiegermutter
's Maul mit der Sperr-
kettn vernaht.

»Feierabend!« –
hat der Rauschige gsagt,
wie er in d' Mistlackn
gfalln ist!

Ma redt überall mit 'm Maul

(Redensarten)

Redn und redn lassn . . .

»Ja, ja . . .«, sagn d' Bauern, wann s' sunst nix wissn.

Du kannst lang redn – es kost mi nix!

Der muaß ma, wenn s' tot is,
's Maul extra totschlagn . . .

Der hat a Mundwerk
wia a Saggatter . . .

Moana tean d' Henna!

Es is scho so lang her,
daß 's nimma wahr is.

Der hat soviel Ausreden
wia der Hund Flöh.

Wenns net wahr is, nacha is' 's schön glogen.

Der lüagt ja wia der Bandl-Kramer.
(d. i. der Bauchladen = Hausierer.)

»Wenn man sich einmal
an das hochdeutsche Sprechen
gewöhnt hat, kriagst as ums Verreckn
nimmer aus'm Mäu«,
hat 's Madl vo Miesbach gsagt.

Sprüch machn . . .

Dös tu(r) i – und wann der Knödel an Gulden kostat!

Dir habns wohl 's Koch mit der Sansn eingeben.

(Koch = Kindsmus; Sansn = Sense – daher das große Maul.)

Bua, lern 'm Vater
's Kindermachn net!

Wann du net waarst
und der Löffl,
na müaßt ma
d' Suppn schlampn!

Du brauchst bloß schrein:
Auftragn! –
na bringt der Hund a Wurst.

Der kann sogar d' Nüß mit 'm Hintern aufbeißn . . .

Er möcht' gern an großen Haufen scheißn,
wenn 's Loch net zu klein wär!

I und andere Leut hamma mitsamm Geld gnua!

Geld hamma wie da Frosch Haar . . .

Is in Minka draußt aa a Mo, der wo net alls woaß . . .

(Minka = München.)

Ein Kerl wie . . .

A Kerl wia 's Fahnl am Dach . . .

Der is an Gulden wert, wenn ma 60 Kreuzer draufzahlt!

Den ham d' Ratzn hinterm Eck z'sammklaubt.

Der is da Peterl auf alle Suppn.

(Peterl = Petersilie.)

Dem sind die Holzscheiter
im Ofen gfrorn.

Der is aufrichti
wia a Mausfalln.

Gegen den waar der Teufl a kloana Bua!

Dem muaß ma amal 's Saumehl kochn.

Der is so neidig,
daß eahm net amal d' Fürz stinkn.

Dem kann ma 's Gwand im Gehn flickn,
und der waar guat, um 'n Tod z' holn.

Der fürcht d' Arbeit net, der legt si glei' zu ihr in d' Näh.

Der muaß d' Fahn tragen, wenn s' d' Arbeit begraben.

Du bist ja gar koa Ma(nn), du bist ja grad a Hosnkrax!

(Hosenkrax = Hosenträger.)

Du bist aa von Bettlehem und Tuchenthausen!

(d. h. eine Schlafhaube, Anspielung auf Bett und Tuchent = Zudecke.)

Di' hat der Teufel
beim Plündern verlorn.

(Plündern = umziehen, ausräumen.)

I bin fei aa net auf der Brennsuppn
dahergschwomma . . .

Der braucht an Löffel zu der Arbeit
wie der Hund zum Beten!

Der is net schuld, daß 's Pulver kracht!

Der hat sein Lebtag lang
aus oaner Schüssel gfressen
und in oan Abtritt gschissn.

(Von einem, der nie in die Welt hinauskam.)

Der stinkt wie der Bock z' Jakobi.

. . . er aa scho mit die großen Hund wiescherln gehn!

Der tuat ja grad, als ob der groß Hund sei Göd waar . . .

Den sollt ma ungspitzt in Boden schlagen!

Dumm wie . . .

Der is dumm wie d' Nacht
und stolz wie d' Laus am Teller.

Und der so dumm,
daß ma ihm mit der Radltruha
über d' Nasn fahrn ko.
(Radltruha = Schubkarre.)

Wenn man mit dem
a Loch durch d' Wand renna tät,
tät er no fragn, woher dös Loch kimmt . . .

Der kennt aa kein andern Vogel als wia die Sau.

Wannst so groß warst wia dumm,
könnt'st alle Nacht 'n Mond d' Scheibn putzn.

Wenn 's Dummsein weh tät,
tätst den ganzen Tag schrein . . .

Der wird alt, wenn ihn d' Dummheit
net vorher auffrißt.

Wenn der stirbt, ist d' Hebamm net schuld dran . . .

Dem nisten d' Spatzn im Hintern
und merkts net eher,
bevor net d' Junga pfeifn . . .

Ausschaun wie ...

Der is so lang
wia der Tag um Sonnwend!

Der hat Wadln wia(r) a verheirater Spatz!

Der hat d' Leber
auf der Sunnseitn ...

Der schaut aus
wia d' Henn unterm Schwoaf,
wia 's Katzerl am Bauch, wia(r) a gspiebns Gerstl.
(erbrochenes Kindsmus.)

Der steht da wia da Butter in der Sonn.

Der hat Ohrwaschln wia Kniakücheln
und der a Statur wia a Sack Bockshörner.

Ausschaun tuat er wia 's Leiden Christi zu Pferd.

Ja, und dös paßt zu dir wie einer Sau a Seitengwehr!

Der macht a Gsicht
wie der Fuchs auf der Schneewächten ...

Der hat a Gsicht wia a z'sammtretene Gatzn –
und schaut drei(n)
wia acht Tag Regenwetter!

Dort wo . . .

Dort, wo die Hennen
Steigeisen tragen . . .

Dort, wo's drei Viertel Jahr lang Winter is
und ein Viertel Jahr kalt . . .

Dort hingehn, wohin aa der Kaiser z' Fuß geht . . .

Nur allwei der Nas' nach
und pfeilgrad zwischn d' Ohrn durch . . .!

Dort daheim sein, wo dem Bürgermeister die
Pilzling auf 'm Kopf und die Rehling am Arsch wachsn.

Da könnt sogar . . .

Da könnt sogar der Heilige Geist ins Fluchen kommen!

Da könnten ja glei d' Schaf kälbern!

Dös geht ja wia gnudelt, bloß net so dreckat.

Dös heißt ma mit 'm Teufel wallfahrten gehn . . .

Da gehts ja zua wia im Himml, bloß net so heilig!

Ja, und der laßt unsern Herrgott
an guatn Mann sein.

Pst, Schindeln sind am Dach . . .

(d. h. Kinder hören zu.)

Pst, 's hängen Strümpf an der Ofenstang!

(d. h. nichts für fremde und junge Ohren.)

Ja, die hat Holz bei der Wand . . .

(d. h. sie ist »oben« gut gebaut.)

Die is scho vor 'm Zsammläuten in d' Kirchn ganga . . .

(d. h. keine Jungfrau mehr.)

Die is auf der Fuchspaß
und die andre muaß aa
nach Rom reisen!

(d. h. sie erwarten ein Kind.)

Beim . . . is der Backofen eingfalln . . .

(ein Kind ist angekommen.)

Bei dem Madl is sogar der Kropf schean . . .

Wenn s' dir die bei der Nacht stehln –
beim Tag bringa s' dirs scho wieder zruck!

Zeit is, die Buama-Sunn geaht auf!

(d. h. die Buam müssen »heim«.)

Geh ma fei net ins Gäu!

(Komm mir nicht ins Gehege!)

Trost und Spott

Machts Tür und Fenster zua – 's guate Leben geht um!

Es is nix Neus, wenn ma
an alten Huat finden tuat . . .

Dös kannst dir denken
wia an alten Schnee,
und der is allwei weiß gwesn!

Der hat guat lachn – der hat sei eignes Lachaloch!

Dös taugt mir wi(r) a gmahte Wies' . . .

Ja, gell, was weiß die Kuah von der Muskatnuß –
sie kommt 's ganze Jahr in kein Ladn!

Mitn Herzsiebner ko ma aa schmiern . . .!

A Schoaß und drei Fürz san mehr
als koa Trumpf in da Hintahand!

Koa Unter sticht koan Ober nit und hat no nia oan gstochn.

Es ghört alles dein, was d' Henna legen – bloß d' Oar net!

Dös is a guats Roß – grad auf die Augn is blind . . .

Buam, seid's still, der Vater muaß sein Nama schreibn . . .

Was man so sagt . . .

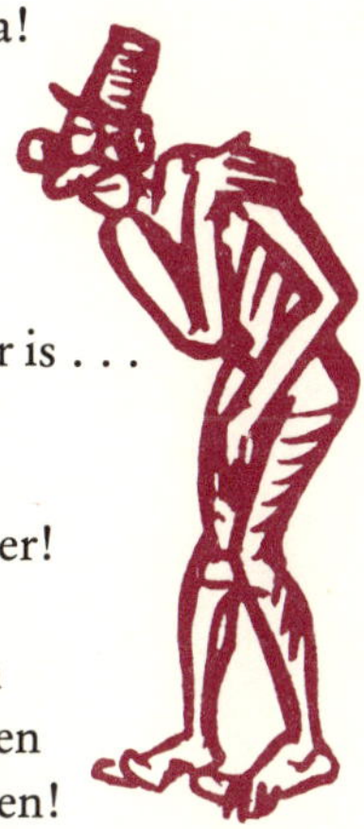

Geh, geh weiter, bleib da!

Es gang schon –
aber es geaht nit!

Wahr is, daß sechse drei Paar is . . .

Es friert einen
wie an nackaten Schullehrer!

Der tuat seine Schulden
von oam Nagel obanehmen
und auf'n andern aufihängen!

Schaug, daß d' schlafn geahst –
d' Strohgamsn wartn scho auf di!
(d. h. die Flöhe.)

»Neunmal abgschnittn und no immer z'kurschz«,
hat der Tiroler gsagt.

Dem geht der Arsch mit Grundeis!

Da druckt der Teufl sei Siegel mit 'm Hintern drauf!

Z'lötzt, aber nit am lötzesten!

Aus is – daß 's wahr is – und schad is 's, daß 's gar is!

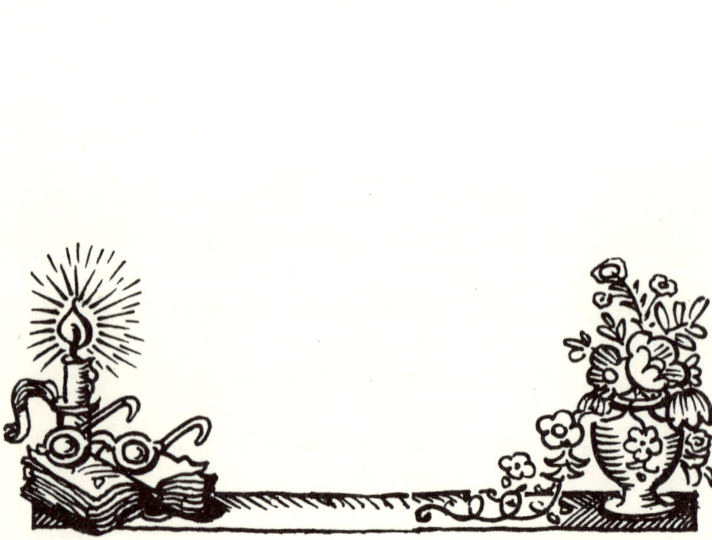

Nachwort

»Hinterdrein kann auch d' alt' Urschel reiten«, so sagen sie, wenn einer hintennach seine Weisheit anbringen will. Mich dünkt, gegenüber dem tiefen und fröhlichen Gehalt dieser kernhaften Sprüche sei alles Ausdeuten und Erläutern nur ein armseliges Federkratzen. Das Bauernsprichwort wächst wie das Korn aus dem Feld und gedeiht am besten ohne Kunstmist. Ich nannte das, was ich hier in jahrelangem Sammeln zusammentrug, waschechte Weisheit, weil sie wetterfest, farbenfroh, ungeschminkt ist und das helle Sonnenlicht nicht scheut. Es ist nicht Speicherkram aus Büchern – wenn ich auch manch guten Spruch in Ludw. v. Hörmanns vorbildlicher Tiroler Sammlung oder in den trefflichen »Tiroler Heimatblättern« fand – nein, es ist die lebendige Weisheit des Alltags aus väteralter Erfahrung und naturhaftem Denken. Selbst der bergbäuerlichen Scholle seit Jahren verbunden, trugen mir drüben in Tirol und herüben im Bayrischen die Leute im Ablauf von Arbeit und Jahr dies herzhafte Volksgut zu. Das ist der bildhafte und vergnügliche Schmuck, den der Bergbauer seiner schlichten Sprache gibt, die rauh und kräftig aus Gurgel und Kehle kommt. So ist auch das Wort, das voll Witz und Wissen Spruch und Redensart geworden ist, mitunter derbes Mundwerk, aber seine lebensvolle, lebenswahre Weisheit kommt aus dem Munde, der wahrer Volksmund ist, und aus der Tiefe des Menschenherzens.

Walter Schmidkunz

Alte Bauernregeln;
Sonderausgabe von
Helene und Otto Kostenzer, "Alte Bauernweisheit", und
"Waschechte Weisheiten", gesammelt von Walter Schmidkunz

Titelfoto: Kurt Schubert, Prien
Illustrationen im zweiten Teil: Paul Neu

Druck und Bindung: Wiener Verlag, Himberg
Printed in Austria 2000

ISBN 3-475-53069-4

Rückgabe bis